第一四五辑

# 老照片

OLDPHOTOS

主编 冯克力



山東畫報出版社
济南

**图书在版编目（CIP）数据**

老照片.第145辑/冯克力主编.—济南：山东画报出版社，2022.10

ISBN 978-7-5474-4141-1

Ⅰ.①老… Ⅱ.①冯… Ⅲ.①世界史－史料 ②中国历史－现代史－史料 Ⅳ.①K106 ②K260.6

中国国家版本馆CIP数据核字（2023）第060274号

LAOZHAOPIAN DI145JI

**老照片.第145辑**

冯克力主编

**责任编辑** 赵祥斌

**特邀编辑** 张 杰 丁 东 邵 建

**装帧设计** 王 芳

**特邀审校** 王者玉 赵健杰

**主管单位** 山东出版传媒股份有限公司

**出版发行** 山东画报出版社

社　址 济南市市中区舜耕路517号 邮编 250003

电　话 总编室（0531）82098472

市场部（0531）82098479

网　址 http://www.hbcbs.com.cn

电子信箱 hbcb@sdpress.com.cn

**印　刷** 山东临沂新华印刷物流集团有限责任公司

**规　格** 140毫米×203毫米 32开

6印张 150幅图 120千字

**版　次** 2022年10月第1版

**印　次** 2022年10月第1次印刷

**书　号** ISBN 978-7-5474-4141-1

**定　价** 25.00元

# 目录

封　面　北京饭店即景（云志艺术馆）
封　二　温秉忠（李鸿捷）
封　三　五省区青年造林大会上的文艺节目（毕醒世）

# 1954 年：街拍北京

## ——东德共产党代表镜头里的新中国

李　洁

1954 年 10 月 1 日，为了庆祝中华人民共和国成立五周年，中共中央邀请了九个社会主义国家的代表团前来北京参加庆典。云志艺术馆收藏的这本相册，其原主人是民主德国（东德）代表团的某位成员。

这本相册里还保存着几件难得一见的实物，如“庆祝中华人民共和国国庆节筹备委员会”的大红请柬，请此人于 10 月 1 日上午 10 时“光临”天安门参加阅兵式和群众庆祝游行；再如国庆观礼台上的绿缎胸条，上面标明其座位在“左台，第贰陆捌叁号”；还有时任军委通信部部长兼国家电信工业局局长的王诤招其于“公历九月廿五日（星期六）下午五点半钟”到“西长安街全聚德饭庄”的请柬（图 1）。虽无从知晓相册主人的姓名与官职，但看这几件实物，即可窥知此人与新中国的某种特殊关系。

1954 年的德国共产党，亦即 1946 年以后的德国统一社会党。在 1990 年 10 月东德并入西德（联邦德国）之前，统一社会党是社会主义德国的唯一执政党。

东德和我国一样，都是 1949 年 10 月才建立的新国家，而

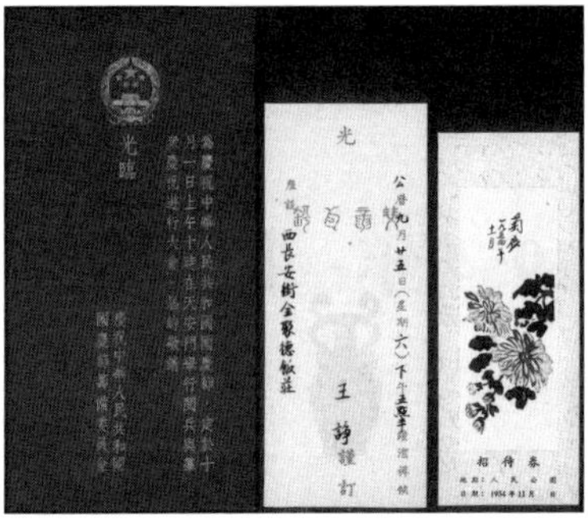

**图 1** 请柬

且是在废墟上重建的国家。但是，东德建国仅四年，每个出访者就有一部照相机了（图 2），而且，相册的主人还拥有一部 mini 型相机，可见同属社会主义国家，东德的物质文明已经远超兄弟国家。

难能可贵的是，在华访问期间，相册的主人还用他的袖珍相机，无所顾忌地在旅游景点和大街上随手拍照，把中国最大的两座城市的真实风貌定格在了胶片上。从专业角度看，他的照片说不上有多考究，而且洗印和保存得也不够好。但是，从记录真相、保存历史的意义上翻阅这些照片，可以清晰地看到共和国初期京沪市民的真实生活状态。

这里展示的是北京的部分照片。

位于长安街和王府大街交叉口的北京饭店，当年是中国最高档的宾馆。1952 年，为了迎接两年后的国庆五周年大庆，接待空前之众的“社会主义大家庭”国家的贵宾，政务院总理周恩来亲自审定了北京饭店的扩建工程。1954 年上半年，北京饭店扩建工程竣工。金秋，前来参加共和国五周年庆典的各国来宾，就住进了焕然一新的北京饭店（图 3）。

**图2** 在北京颐和园，相册的主人（左一后立者）与本代表团的人合影留念。

**图3** 远望焕然一新的北京饭店

那时的长安街，还跑着民国时期的有轨电车。北京饭店前，有个车站。饭店前的长安街上，骑行者众，步行者稀，行驶中的汽车只有远处的一辆。骑行者又分骑自行车者与蹬三轮车者。看骑自行车的男子和坐三轮车的女子的穿戴，个个都像是“公家人”。唯一的步行者是个军人。

那时的交通信号灯，就立在马路边上，而且，三色灯下还有两个警铃，一个是人拽的吊钟，一个是电控的警铃。那会儿的交警，既要根据车辆的方向手按电钮以决定红、黄、绿灯的变化，又要敲钟或按铃提醒行人注意车辆。城市里行人看信号过路口是近几十年才有的事儿。从前，只有驾驶员才按信号灯行止。好在那会儿车很少。

照片上的这些人，现在若仍在世，都已是耄耋长者矣。他们当年能想到六十多年后的长安街，会被汽车堵成什么样吗？

**图4** 北京饭店主楼正门前的人们

**图 5**　天安门前

行人走到北京饭店主楼正门前，可以随时驻足围观，等着看贵宾们的出现（图 4）。对照近日报纸的报道和图片，他们或会看到几个熟悉的面孔。彼时虽然从“旧社会”走进“新社会”仅五年，但社会稳定状况可窥一斑。

从这些人的衣着看，他们多是上班一族，而非无业的胡同串子。

初抵北京的外人，哪有不先看天安门的？（图 5）这位摄影者和他的同志们当然不能例外。从他们下榻的北京饭店，到新中国的政治中心天安门和中南海，步行只需十几分钟。

1949 年 10 月 1 日毛泽东在城楼上宣布中华人民共和国中央人民政府成立，从此，天安门成了新中国最具政治意义的标志性建筑。

注意到了吗？天安门城楼正门之上，只悬着国徽，没有毛泽东的画像。而且，城楼上的红柱之间，也没有垂着灯笼。看来，拍摄者来天安门拍照的这一天，是 9 月下旬的某个日子，当时，节庆的布置还没启动。

在某个景区里，他们遇上了一个劳动的场面，一群男子正在打夯。画面上那么多的古树表明，这里曾是北京城里的某个皇家禁苑。（图 6）

三个僧尼走过镜头前。至于其中的两位以扇遮面，是遮挡

**图 6** 正在打夯的男子

**图7** 三个僧尼

阳光，还是在遮挡外国人的镜头，不好说。（图7）

显然，这是拍摄者在街头抓拍的一张青年团员们合影前的瞬间（图8）。

前排已经就地坐好的和立着的女子们，大都笑逐颜开。她们都剪着时尚的齐耳短发，身穿制服，上衣口袋都别着钢笔，显示出是新时代的知识分子。

看到了吗？有个正对镜头的女子，即上装翻出白领的那位，她穿的就是时尚的“列宁服”。该款女装是“一边倒”的新中国城市女性最心仪的时装，说是革命导师列宁生前经常穿的一种双排扣并带腰带的西式上衣。到了60年代，随着中苏关系迅速冷却，“列宁服”也不再有人穿。

此人的身边，是一位烫着头发、穿着旗袍的少妇，她的神

图8　青年团员的合影

情与装束与其他人并不相融，倒是颇有民国范儿。这让人想起傅作义将军的女儿傅冬菊等中共地下党员，1949 年以后，她们融入了体制内，但生活习惯一时难以改变。

后排是举着团旗并立的男青年们。

看这张照片，难免想起小说家王蒙写于同时期的成名作《青春万岁》。

看得出，相册的主人非常喜欢孩子，不然，他的相册里不会有那么多少年儿童的照片。

这似是在一个被安排参观的幼儿园拍摄的照片（图 9）。幼儿园的小朋友们正在为外宾表演舞蹈。

看幼儿园的楼舍、凉亭、草坪，再看孩子们和阿姨的装束，你就会知道，这是一所高等级的幼儿园。

图9　正在表演的孩子

出现在他照片上的这些孩子们，现在都是七八十岁的老人矣！

这应该是拍摄者路遇的一队幼儿园的孩子（图10）。这家幼儿园，无论保育员还是孩子，都是统一着装，而且，保育员居然还穿着皮鞋！要知道，六十多年前，大部分人穿不起皮鞋。

在昔日的皇家园林里，他们又遇上一队可爱的孩子。还是

图 10　保育员和孩子们

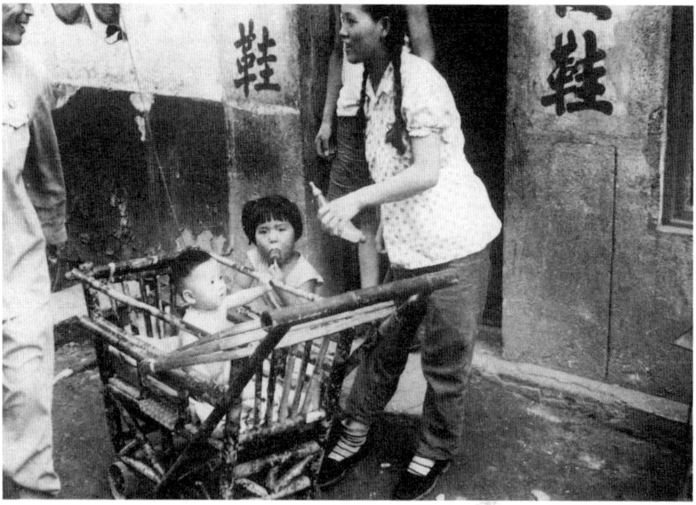


图 12　两个儿童

统一着装的小朋友。他举起了相机对准了孩子，孩子们则朝他举起了小手，不知是在模仿少先队员向他敬礼，还是在向这位外国爷爷挥手说再见？（图 11，见封三）

竹制小推车里的男孩儿要喝牛奶，坐在门口的女童则口含冰糕。这位大姐姐，和两个幼童的年龄差得太大，似是带孩子的保姆。看这家门口的标识，可知这或是鞋店老板的两个孩子。（图 12）

姐姐的发式，正是中国少女几十年不变的标准发式，即中分或斜分，两边各梳一条长辫。中国少女的长辫子，一直要保持到结婚，才可以剪掉并盘发或烫发。直到 70 年代末期，改革开放以后，少女们才让自己的发型与服装多样起来。

男童（图 13）与女童（图 14），从穿戴与所在地看，应该是老北京城里普通百姓家的孩子。瞅着长相奇怪的外宾，面对

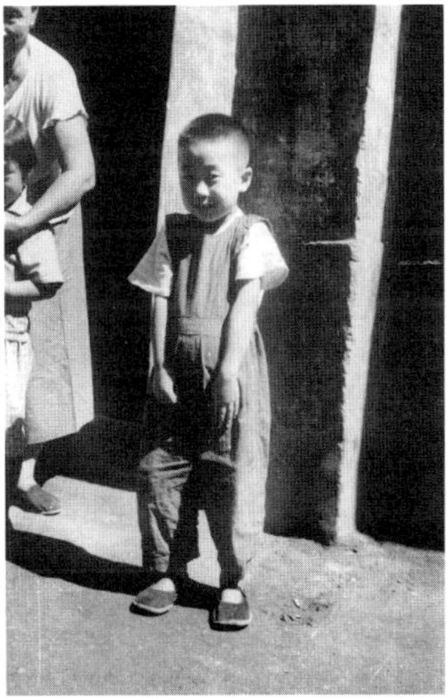

**图 13** 男童

**图 14** 女童

瞄向自己的照相机，他与她都有些羞涩地笑了。

让半个多世纪后的笔者颇感意外的是，镜头里的中国儿童，无论是在幼儿园的小朋友，还是居家“散养”的孩童，个个都是衣着整洁、营养良好的样子。

观察北京，不能不去逛大街，尤其是前门（图 15）。那儿，才是老北京人气最旺的商业街。而且，逛北京，还不能不去串胡同，胡同才是体察古都民情的最佳地点。

好在北京饭店身后就有最地道的北京胡同。一条条胡同次第排列，除了有几座紧闭不开的“广亮大门”乃旧时富豪与今时政要的住宅，其余的那些“如意门”里住着的都是普通百姓。

相册的主人前前后后转了大街转胡同，拍了很多市井影像。

**图 15**　前门大街

**图 19** 前门街景之四

从北京饭店，到东单大街，拐弯就是。去前门大街，也方便得很，出门南行，不到两公里的路，步行的话，溜溜达达，半个钟头足够。

1954 年 9 月刚刚公布的《中华人民共和国宪法》，明文写上了“过渡时期的总路线”，亦即“三大改造”——用十五年的时间，把农业国改造成工业国；对手工业和资本主义工商业进行社会主义改造。镜头里的前门大街，确实要用“繁荣昌盛”来形容。

街上有公交车，也有载了客的三轮车，但都很难前行，因为街上密密麻麻的全是行人。

近景处，这位刚买了新暖水瓶要回家，那位白胡子老爷子则拉住报贩在选买报纸。（图 16，见中插）

图 20 前门街景之五

图 21 疾驰的三轮车

国庆节前，新中国首都商业街的人气，旺得能让老外蒙圈儿吧？招幌栉比鳞次，顾客摩肩接踵。各色人中，多是穿中山装的“公家人”，也有佩戴胸章的军人，当时，军人的白布胸章上印着两行黑字：“中国人民解放军”。（图 17，见中插）

中西合璧的建筑，形形色色的商店。“公私合营”之前的沿街商店，大都由私人居家经营。（图 18，见中插）

大街上有看不完的光景（图 19、图 20）。

三轮车即当时的出租车，有高低档之分。高档的是三轮自行车，座垫和靠背是皮革包裹的软席，座席之上有可收放的遮阳（雨）篷（图 21）。低档的是人力车，是硬板座垫和背靠，而且，轮子是铁轮外裹一层胶皮，可想而知，坐在上面，并不舒服。

两轮的人力车，旧称洋车或东洋车，因系清末从日本传入而得名。（图 22，见中插）老舍的名篇《骆驼祥子》，写的就

**图 23** 骡马车之一

**图 25** 运粪便的驴车

是一个叫祥子的北平两轮人力车伕的苦难人生。三轮车普及以后，两轮车逐渐退出城市街头。但相册的主人告诉我们：至少在 1954 年下半年，两轮的人力车还在京城的街头运营着。

北京城里的民间运输工具，分为牲畜拉的牲口车和人拉的地排车。牲口，是汉语对被驯化并役使的骡、马、驴、牛的统称。不过，人们习惯上把在城市役使的家畜拉的车，都叫成马车。这是因为有的车伕为了提高车的动力，常以骡、马、驴混搭。图 23 即是骡与驴搭配的马车（图 24，见中插）。

牲口车也分高低档。好的马车，是胶皮充气轮，通常配备一至两匹，有时甚至是三匹牲口。低档的马车，则是木轮 + 铁箍的旧式马车，配备的是一头马力较小的驴。

车把式行走于闹市的神态，也因自家车的档次而表现出来。

在没有完善的污水处理系统工程的时代，居民的粪便都是

靠专业的淘粪工和运粪驴车上门处理的。（图 25）

北京城里，比雇用牲口车更省钱的运输工具是人拉的地排车。地排车，因其车身有一排木楞而得名，俗称大车。从这张照片（图 26）可以窥知，无论大街上还是胡同里，人拉大车都是一道风景，不过，这是一道让人感到辛酸的风景——在生产力水平低下的六十多年前，人们为了生存，不得不拖拉着如此沉重的货物跋涉在京城的大街小巷。

中国人的吃，也让德国人大感兴趣。相册里，就保存着不少与吃有关的照片。一帮北京爷们儿在街头吃饭，大锅里也许就是让外人看得目瞪口呆的卤煮火烧吧？（图 27）

这个鞋匠身后，就是一家肉饼铺。肉饼是北京人爱吃的主荤合一的食物。（图 28）

在粮食短缺的时代，糖炒栗子一直是城里人补充体能的重

图 26　地排车

图 27　街头吃饭

要辅食。（图 29）

相册的主人，还拍摄了许多北京市民的生活场面。

街头剃头，是城市最常见的风景。比之门外旋转着两个螺旋形上升的红蓝色带的理发店，收费很少的剃头摊儿更受市民的青睐。彼时的剃头匠，不仅会剃头和刮脸，而且还会按摩脑袋和肩膀，堪称一专多能的专业技术人才。（图 30）

那时候，每个城市人家过日子，都离不开铁匠的帮衬：磨剪刀、抢菜刀、做烟筒、锻打火钩子和煤铲子，哪样儿离得开铁匠？至于沿街游走的铁匠的那一声“磨剪子来——抢菜刀——”的揽活儿叫喊声，更是城市街头交响曲中最嘹亮的一支短曲。（图 31）

推着小车卖货的小商贩（图 32）和黄昏中闲坐在大街上的京城老爷们儿（图 33），都勾画出老北京的种种京味。

图 28　肉饼铺和鞋匠

图 29　糖炒栗子

图30　街头剃头

图31　铁匠

**图 32**　街头小贩

**图 33**　闲坐的大爷们

**图34** 进城的农民

从穿戴上看，这是一位进城的河北省的农民（图34）。在还没有严格户口管理的时代，农民进城生活与定居是寻常之事。

相册里的北京照片还有很多，笔者只能选出部分照片予以诠释。

德共代表团离开北京之后，去了上海。不过，那是另一种风景和另一个题目了。

# 欧特曼：中德交流史上的“文化津梁”

王　栋

1934年5月，一本名为《欧特曼教授哀思录》的线装书由南京国华印书馆刊行，借以哀悼与纪念是年1月在哥廷根去世的德国学者欧特曼教授。该书由时任中央研究院院长蔡元培（1868—1940）和国立中央大学校长罗家伦（1897—1969）分别题写书名，近代著名出版家、教育家张元济（1867—1959）作序，林森（1868—1943，时任国民政府主席）、汪兆铭（1883—1944，时任国民政府行政院院长兼外交部部长）、蒋中正（1887—1975，时任国民政府军事委员会委员长）、孙科（1891—1973，时任国民政府立法院院长）、于右任（1879—1964，时任国民政府监察院院长）、王世杰（1891—1981，时任国民政府教育部部长）、孔祥熙（1880—1967，时任国民政府财政部部长兼中央银行总裁）、朱家骅（1893—1963，时任国民政府交通部部长、中德文化经济协会创始人）、顾孟余（1888—1972，时任国民政府铁道部部长）、陶德曼（Oskar Paul Trautmann，1877—1950，时任德国驻华公使）等政要，以及马君武（1881—1940，时任国立广西大学校长）、王星拱（1888—1949，时任国立武汉大学校长）、梅贻琦（1889—1962，时任国立清华大学校长）、胡庶华（1886—1968，时任省立湖南大学校长）、黎照寰（1898—1968，时任国立交通大学校长）等著名学者均撰写了挽联或文章。近代著名美术理论家滕固（1901—1941）曾撰文认为，欧特曼教授的故去，“是中德文化沟通上之莫大损失”。这位身后备极哀荣，引众多政要学者竞相悼念的欧特曼教授究竟是谁？他又在中德文化交流史上做出过怎样的贡献？

2022年，正值新中国与德国建立外交关系五十周年。因此，我们来重新了解与认识这位曾经深耕于中华，并为两国文化交流做出贡献的德籍学者，也就更具现实意义。

## 一、接受政府委派　远赴异国任教

根据已故波恩大学教授马维立博士（Prof. Dr. Wilhelm Matzat，1930—2016）所搜集的资料显示，欧特曼（Heinrich Friedrich Wilhelm Othmer），1882年12月16日生于德国汉诺威省的乌特维尔多姆（Uhtwerdum）。父亲弗里德里希·欧特曼（Friedrich Othmer，1852—1935）是临近村庄的道路建设监督员。1892年至1900年，欧特曼在东弗里西亚的北方高级文理中学就读期间，老师们就注意到他出色的记忆力和语言天赋。高中毕业后，欧特曼曾在格莱夫斯瓦尔德（Greifswald）大学学习地理和历史。前往柏林大学攻读学位期间，欧特曼继续他的语言学研究，并参加了李希霍芬（Ferdinand von Richthofen，1833—1905）的讲座和培训。据说，后者曾建议欧特曼一定要学习中文。1904年，欧特曼在柏林大学历史地理学教授希格林（W. Sieglin）指导下通过了考试与答辩，获得了博士学位。很快，在学术领域崭露头角的欧特曼就受到了急于在华扩大文化影响力的德国政府的关注，并被委派前往遥远的中国。

1907 年，在学习了几个月的中文之后，欧特曼于当年年底来到北京，负责管理义和团运动期间成立的一所德华学校。这期间，除了教学和行政管理工作，欧特曼还深入学习中文，并对博大精深的中国传统文化产生了浓厚兴趣。学校停办之后，欧特曼又于 1909 年初来到天津，在德华中学任教。不久，欧特曼收到了一张来自德租胶澳的 Offer（录用信），邀请他去中德合办的青岛特别高等学堂负责预科学校的管理工作，并教授德语。这所学校相当于大学附属的语言学校或高中，旨在让中国学生在正式进入大学后，能听懂和参与用德语举办的讲座和培训。

**图 1** 欧特曼曾任青岛特别高等学堂高级教师、同济大学附属中学教务长等职，是中德文化交流史中的重要学者。同济大学校史馆供图。

## 二、创立拼音方案　编写汉语通释

1909 年 10 月 25 日开学的青岛特别高等学堂（亦称“德华大学”）在中国高等教育史上具有重要意义，这所由中德两国政府合办，以西方近现代教育课程体系和兼顾中国传统需求为优势的大学，也开启了青岛近代高等教育的大门。高等学堂最初的招生主要来自山东省内，这些孩子绝大多数从未接触过德语。因此，急需欧特曼这样精通双语并有教学经验的德籍学者。在高等学堂任教期间，除了为预科生们教授德语，欧特曼与当时在同一所学校任教的同事雷兴（Ferdinand Lessing，1882—1961）成为挚友，他们共同编写了当时德语世界最为流行的汉语教材，还在汉学家卫礼贤（Richard Wilhelm，1873—1930）的建议与协助下，创立了“欧特曼－雷兴拼音方案”（Wilhelm-Lessing'sches System）。

1898 年德租胶州湾后，大量的德国驻军、商人、传教士纷至沓来。为了让他们更为直接地与当地中国百姓进行交流，减少不必要的冲突与麻烦，青岛的德国商会向胶澳督署建议开设中文课程。欧特曼与雷兴，还有他们另一位同事桑德满（Hermann Sander，1884—1960）被委派开展这项工作。当时，西方各国的外籍人士学习中文主要采用 1867 年、由曾任英国驻华公使的剑桥大学首位中文讲师威妥玛（Thomas Francis Wade，1818—1895）所制定的拼音（Wade-Giles romanization），但这套基于英文的方案并不符合德语的发音习惯。为此，欧特曼与雷兴结合教学与实际使用，根据德语的拼写与发音习惯制定了一种新的汉语拼音方案。1911 年 9 月，在青岛举行的第

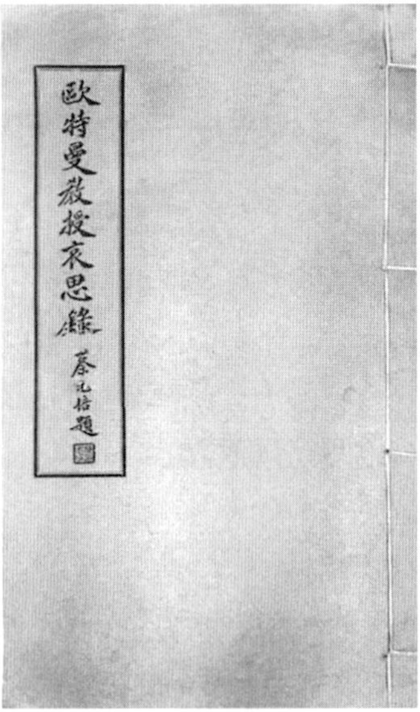


图 2　《欧特曼教授哀思录》书影

一届德语教师大会上，正式确定了这套基于德语的新方案。1912年，欧特曼还与雷兴将中文课程教案完善补充后，汇编出版了《汉语通释》(*Lehrgang der nordchinesischen umgangssprache*)一书的第1卷。可惜，欧特曼已经准备好的英译本，以及《通释》第2卷、第3卷的出版皆因战争突起而搁浅。尽管如此，直至20世纪30年代，欧特曼与雷兴的中文课程教材在德语使用者中仍是最为实用的。

## 三、婚后定居青岛　因战沦为俘虏

1909年，刚刚来到青岛的欧特曼大概还居无定所，但次年他就在福柏医院（今青岛皮肤病防治医院）附近的崂山街（今安徽路北段）寻得一套公寓稳定下来，欧特曼的朋友兼同事雷兴恰好当时也住在这里。1911年，而立之年的欧特曼也在青岛喜结良缘。根据《胶澳官报》记载，他与多瑙艾辛根（Donaueschingen）一个旅店老板布利（Josef Buri）的女儿伊莉莎白（Elisabeth Buri，1874—1920）登记结婚。伊莉莎白是福柏医院是护士，比欧特曼大八岁。婚后的欧特曼夫妇在霍恩洛厄街241号（Hohenloheweg 241，今德县路11号）的二楼租下了一套公寓，直到青岛易帜。1912年至1914年，欧特曼夫妇的两个儿子：格哈德（Gerhard，1912—1996）和威廉（Wilhelm，1914—1986）也相继在青岛出生，一家人其乐融融地享受着在这座气候宜人的海滨小城的美好生活。1914年夏初，那场突如其来的世界大战改变了欧特曼一家的人生轨迹。11月7日，日英联军攻占了德国统治了十七年的青岛，欧特曼和许多参与了城市保卫战的德国人被日军俘虏。不久，编号4005的战俘欧特曼就被送往位于日本大阪的集中营关押。1917年2月，他又被转往似岛的新营地。在战俘营羁押期间，欧特曼充分利用自己的专长为狱友们开设了学习课程。其中，中文和日语课特别受战俘们的欢迎。同时，被羁押在日本的五年里，欧特曼也通过不断学习，进一步充实知识储备。

日据青岛之后，欧特曼夫人和两个孩子与许多德国妇孺一样，无奈地选择留守当地。1918 年 11 月，绵延数年，造成巨大伤亡与损失的第一次世界大战终于以德奥一方的失败而告终。当年圣诞节，伊莉莎白还将两个儿子的照片寄给了尚在日本战俘营羁押的欧特曼。不过直到 1920 年的春天，欧特曼才回到了阔别已久的青岛。不幸的是，欧特曼夫人伊莉莎白此时已病入膏肓。在与丈夫重逢之后，她度过了人生的最后一段时光，于 8 月 6 日去世,并安葬在青岛的欧洲人墓地(今百花苑)。1922年，

**图3** 1911年7月在青岛组织的第一届德语教师大会合影。左二为欧特曼。裴琳供图。

**图 4** 1912 年在上海召开的第二届德语教师大会，正式确定了“欧特曼－雷兴拼音方案”。左一为卫礼贤，中间着深色衣服的老者为薛田资。裴琳供图。

欧特曼回到了故乡乌特维尔多姆，探望了多年未见的父母。这期间，欧特曼还续弦，与已故妻子的妹妹玛丽亚（Maria Buri，1892—1971）结婚，随后在 1923 年和 1926 年，他们又分别生下了儿子卡斯滕（Carsten）和女儿古德伦（Gudrun）。

虽然后来因工作，欧特曼一家主要生活在上海，但每年夏天，欧特曼总会带着妻子和四个子女来到青岛，在这座气候、城市风格与德国很像的海滨城市避暑度假。

## 四、来沪执教同济　深受学子爱戴

早在 1920 年 3 月被释放后不久，欧特曼就接到了来自私立同济医工专门学校的召唤，邀请他前往上海任教。这所1907年由德国医生宝隆（Erich Paulun，1862—1909）所创办，早期以医学为主的专科学校几经周折，最后发展成中国负有盛名的综合性高等学府——国立同济大学。在这里，欧特曼被任命为中学部教务长，还被授予教授的头衔。

欧特曼执教同济之初，每周需上十八个小时的课，再加上训练学生德语演说的两小时，总共二十个小时。其月薪为七百元，外加二百二十元的职务津贴，这在当时几乎达到与学院院长同等的薪资水平。同济学子胡嘉言曾在《我所知道的欧特曼先生》一文中回忆道，对于德文课，当时很多学生都没有

143

Amtsblatt

für das

Schutzgebiet Kiautschou.

膠澳官報

Herausgegeben vom Kaiserlichen Gouvernement Kiautschou.

Der Bezugspreis beträgt jährlich $ 2 = M 4.

Bestellungen nehmen sämtliche deutsche Postanstalten entgegen.

12. Jahrgang. Nr. 29. | Tsingtau, den 28. April 1911. | 第十二年 第二十九號

Amtliche Anzeigen.

Aufgebot.

Es wird hiermit bekannt gemacht, dass

Dr phil. Heinrich Friedrich **Wilhelm Othmer**, Oberlehrer, 28 Jahre alt, wohnhaft in Tsingtau, geboren zu Uthwerdum, Provinz Hannover, Sohn des 59 Jahre alten Landwirts Friedrich Othmer und seiner 53 Jahre alten Ehefrau Charlotte, geborenen Mertens, beide in Georgsheil wohnhaft,

und

**Elisabetha Buri**, Pflegeschwester, 37 Jahre alt, wohnhaft in Tsingtau, geboren zu Donaueschingen in Baden, Tochter des zu Donaueschingen verstorbenen Hoteliers Josef Buri und seiner zu Karlsruhe wohnhaften Ehefrau Mathilde, geborenen Straub,

beabsichtigen, sich miteinander zu verheiraten und diese Ehe in Gemässheit des Reichsgesetzes vom 4. Mai 1870 vor dem unterzeichneten Beamten abzuschliessen.

Tsingtau, den 25. April 1911.

Der Kaiserliche Standesbeamte.

Aufgebot.

Es wird hiermit bekannt gemacht, dass

**Karl August Schilling**, Gastwirt, geboren zu Augsburg in Bayern, 31 Jahre alt, wohnhaft in Tsingtau, Sohn des Lehrers Max Schilling und seiner Ehefrau Sophie Schilling, geborenen Sauter, beide zu Augsburg verstorben,

und

**Dwojre** Rifka **Kanzelpold**, geboren zu Obertyn, Bezirk Horodenka in Galizien, 31 Jahre alt, wohnhaft in Tsingtau, Tochter des Landwirts Karl Kanzelpold und seiner Ehefrau Clara, geborenen Vogel, beide zu Buczacz verstorben,

beabsichtigen, sich mit einander zu verheiraten und diese Ehe in Gemässheit des Reichsgesetzes vom 4. Mai 1870 vor dem unterzeichneten Beamten abzuschliessen.

Tsingtau, den 25. April 1911.

Der Kaiserliche Standesbeamte.



**图5** 刊登欧德曼夫妇婚姻登记告白的《胶澳官报》。

**图 6**　欧特曼夫妇的两个儿子：格哈德和威廉。约摄于 1918 年。裴琳供图。

什么兴趣，但欧特曼的教学方式给了学生耳目一新之感。因为中文流利，欧特曼与学生们交流没有任何障碍。他精通英语、法语、拉丁语、日语等多门语言，还懂西班牙语、葡萄牙语、俄语、印度梵文等，上课时经常是旁征博引，信手拈来，因此很受欢迎。欧特曼的课绝不枯燥无味，他上课不用教材，只是口述讲义，学生自行做笔记。他经常会讲一些透露出厚重德国气息的笑话，逗得同学们哈哈大笑……陈孝崐同学在《欧特曼先生和我们》中写道，先生“时常因为我们不用功而发脾气……时常不嫌麻烦地教训我们，叫我们好好用功，要为自己用心学习……但在课堂外，他是一位和蔼可亲的人，对学生非常客气，学生无论帮他做什么事，他总是说声‘Bitte（拜托了）’，丝毫没有教授的架子”。

## 五、主编《德文月刊》 促进文化交流

1924 年春，同济大学中学部创办了课外学习读物《德文月刊》（*Deutsche Monatsschrift*），主编一职责无旁贷地落到了欧特曼肩上。第一次世界大战之前，中国曾有青岛特别高等专门学堂的《自西徂东》（*Der West-Örtliche Bote*）和济宁中西中学的《德华学报》（*Leuchtturm*）两份德文学习杂志，但后皆因战事等而停刊。《德文月刊》也就成了当时国内唯一的德文学习刊物。这本月刊旨在“使学生易于从事于德文的学习，并由缜密的、适当的注释，为彼等开发读德文的德国文学和科学书籍的门径”。刊物常设栏目包括德国文学作品（德汉对照）、名人名言、时文选摘、中国文学作品（汉德对照）、场景对话、应用文、文法等。译文辅以脚注，补充背景知识，促使学生更多、更全面地接触德国的文学艺术。

在欧特曼担任主编的 1924 年至 1926 年期间，《德文月刊》共出版了两卷二十二期。其中除了对《诗经》《论语》《孟子》《儒林外史》等中国传统典籍的部分章节等进行译介，也经常刊载歌德（Goethe，1749—1832）、席勒（Schiller，1759—1805）等德国著名诗人的作品。欧特曼还亲自撰写了《中国人如何利用中国文化》《康德二百年生日纪念》《Klassisch 是什么？》等

**图 7** 欧特曼教授与《德文月刊》编辑部同仁合影。同济大学校史馆供图。

文章，并由他的学生或同事译成中文。1926 年 8 月，在第二卷第六期付梓刊印后，由于“翻译的工作吃力且费时”，《德文月刊》随即宣布休刊。1931 年，同济大学迁至吴淞，《德文月刊》曾筹划复刊，但欧特曼已无意担任主编一职，此事因而搁置。直至 1936 年 6 月，著名文学家、诗人、翻译家冯至（1905—1993）接任主编，《德文月刊》才正式复刊。虽然，十余年间仅出版了七卷二十九本，但《德文月刊》——这本由欧特曼参与创办，后由同济师生共同策划和编辑的刊物——仍在 20 世纪二三十年代，乃至此后的中德文化交流领域产生了重要的影响力。

## 六、无私提携后辈，襄助名著汉译出版

为应对日本不断升级的侵华活动，定都南京后，国民政府

把争取国际支持与援助的重点转向德国。双方在各取所需的基础上，在经济、文化、军事等领域合作也有长足发展。为进一步便于国人学习和熟悉德语，1929年，时任德国机器厂厂长、工学博士谢公威编译出版了《袖珍德华会话指南》（*Taschenbuch für Deutschsprechende Chinesen*）一书，欧特曼教授不仅给予勘误校订，还欣然作序曰："这本指南或许可以提高学者的会话能力……好像得到了一种通用货币的资本，随时可以应用，不致贫乏。反之，在于德人交谈的时候由倾听更能得到新的信息……"

世界经典文学名著《格林童话》（*Grimms Mrchen*）是19世纪初，由德国格林兄弟收集整理的民间故事集。在两百多个故事当中，《爱丽丝梦游仙境》《灰姑娘》《白雪公主》《小红帽》《青蛙王子》《穿靴子的猫》等故事至今仍是世界童话的流传经典。但在近代中国，虽然自1903年起，就有《格林童话》的内容被译出刊载，但并没有人翻译出版过全部内容。1934年，当时供职于同济大学图书馆的翻译家魏以新（1898—1986）将这部名著译出，并由上海商务印书馆分两册出版。在"译者的话"中，魏以新提到，他依照"德国名著丛书版本译出，共二百一十篇"，积疑之处还承德国语言学家欧特曼教授襄助，并"因其口授而完全译出"。此后近一个甲子，魏以新的译本一直是《格林童话》

**图8** 在同济大学附属中学担任教务长期间的欧特曼，此时他还担任上海私立同德高级助产学校的顾问。

国内唯一汉语全译本，其白话文的程度也较前后几种选译本更高，符合读者的阅读习惯，故而问世以后广为流传，并影响了几代中国读者。

## 七、孤勇临危受命　书稿毁于战火

1932 年 1 月 28 日，日本海军借口侨民遭袭死伤，进而以武力相威胁，并提出强硬要求。紧张的局势终于引发了历时三十三天的淞沪抗战。2 月 4 日，日军的炮火击中当时位于吴淞的国立同济大学。此后中日两军在吴淞地区的激战也导致了同济更多的建筑及内部设施遭到轰炸与炮击。因为战事爆发突然，校内的德籍教师及其家属未及撤离。为避免出现伤亡，欧特曼临危受命，即刻前往中国前线驻军指挥部，与曾留学法国的十九路军第七十八师一五六旅旅长翁照垣（1892—1972）将军进行接洽。经双方紧急磋商，德籍教师及其家属于 2 月 8 日穿越十九路军防线，绕道刘行、真如，毫发无损地撤入上海市区。

1897 年创办于上海的商务印书馆是近代中国的文化重镇，这家彼时中国最先进的出版机构也长期与同济合作出版德语书籍、课本、词典。1932 年初，欧特曼将其编著的《中德袖珍字典》书稿交由商务印书馆出版，就在铜版已经制作完成，准备开机付印之际，1 月 29 日，日军战机空袭闸北，向商务印书馆投下了六枚、共五百公斤重的航空炸弹。欧特曼的书稿与这座当时世界领先、厂房极具现代化和设备先进的印刷业机构一起化为灰烬……

与商务印书馆一同被日机炸毁的还有一街之隔的东方图书馆，包括部分宋版、元版善本在内的四十六万余册藏书也毁于一旦。次年6月7日，由文化人士组织的东方图书馆复兴委员会召开第一次会议，推张元济为主席，蔡元培、王云五（1888—1979）为常务委员，并推定欧特曼等五名外籍人士分别在纽约、柏林、伦敦、巴黎设东方图书馆复兴委员会、赞助委员会分会。在德国学界的鼎力支持下，1934年9月，张元济代表东方图书馆复兴委员会，接受德国学术团体赠予的德国编印、出版的化学、药物学年鉴、文学等德文著作两千余册。

## 八、因病归国身故　学界深切悼念

1933年7月，因胃病复发，欧特曼在宝隆医院进行了手术治疗。因其所患的是胃癌，医生劝他回国休养。在最后一次到青岛之后，欧特曼于9月初返回上海，并于10月6日登上了归国的轮船。当天，有许多他的学生和德籍教师前往送行。有回忆曾写道，“先生穿着灰色的西装，微微俯着身躯，在会客室里和前来送行的人一一握手道别，他苍白的脸上，满含着诚挚的笑容……”一心想着重返中国，继续他未竟的教育与文化交流事业的欧特曼最终没有迎来奇迹，他于1934年1月7日凌晨去世，享年五十二岁。

欧特曼辞世后，上海各界纷纷组织活动予以悼念。2月7日，德侨协会在威廉皇帝学校礼堂（今威海路）举行追悼会，到场的两国人士有数百人之多。2月28日上午10点，国立同济大学也举行了隆重的追悼大会，以致哀思。“到有德总领事、工务局长沈君怡先生、中德教授、全体师生、及欧氏生平知友等，都千余人。”随后出版的《校闻·中学部教务长欧特曼先生追悼会纪事》曾对此次活动记述道：“会场门首扎有柏枝匾额，上书‘欧特曼教授追悼大会’。会场布置，甚为严肃，四壁悬挂挽联，并陈列花圈多个。中置欧先生遗像，玉容犹昨，望之滋痛。由翁校长主席，致哀乐后，全体起立，向遗像行礼，并鲜花致敬。姜寿椿先生读祭文后，主席致辞略谓欧先生服务忠贞，办事勤敏……”《纪事》还评论道，“欧氏之辞世，不独为同济之一大损失，即在中德文化沟通上，极有关系……吾人纪念欧氏，非仅追悼而已，必须作有纪念，表示永远致哀思……”

图9　晚年的欧特曼

为纪念欧特曼教授，除了专门组织编辑出版《哀思录》，国立同济大学还在校园内为欧特曼设立纪念碑一处，题曰：

> 先生博学多能，任附中教务长十余年，循循善牖，于沟通中德文化，厥功尤伟，此舍建筑，募款与有力焉。追述往绩，勒此铭曰：
>
> 于烁先生！学贯中西。著书充栋，如筏指津。
>
> 督教肫挚，昕夕提携，勒铭调绩，播于译鞮。

（感谢刘逸忱、谷青在图片整理、史料搜集等方面给予的大力协助。）

# 温秉忠与宋庆龄赴美留学

李鸿捷

近年来，史学界对 19 世纪 70 年代清廷派遣“留美幼童”的历史有不少的研究文章发表。其中述及幼童温秉忠时，不少文章会提到他在 1906 年偕宋霭龄参加西奥多·罗斯福总统在白宫举行的招待会以及他在 1907 年护送宋庆龄、宋美龄姐妹赴美留学的经历。

据笔者考证，除在赴美行程中对宋氏姐妹的照应（一直将两姐妹护送至新泽西州 Summit 镇的 Potwin 学校）外，温秉忠在选派宋庆龄作为官费留学生时也是有所关照的。

2011 年秋天，牛恩美医生从美国回上海探亲访友时跟笔者见了几次面，牛医生向笔者展示了一些牛家收藏的老照片和文字记录，其中包括她的叔叔牛惠生回忆录的部分英文手稿照片版，笔者鼓励她设法发表以供后人参考研究。牛医生后来将英文手稿交给她的亲戚徐景灿，由徐与他人一起翻译后印刷装订成小册子分送亲朋好友。2014 年 3 月，徐也给了笔者一本。

在牛惠生回忆录中，讲述了 1907 年 5 月温家姨妈和姨父（指温秉忠夫妇）去牛家探望时告知两江总督选派官费生赴美留学的消息，以及如何安排倪家、牛家及宋家孩子去美国读书的经过。

**图 1** 温秉忠。摄于 1907 年。

在此，笔者先交代一下相关人员之间的关系及背景以方便读者阅读：

牛惠生父亲牛尚周娶了倪蕴山牧师的长女倪桂金，宋氏三姐妹的父亲宋耀如娶了倪牧的次女倪桂珍，温秉忠在原配夫人关月屏去世后娶了倪牧的三女倪秀珍，倪牧另有长子倪锡令及次子倪锡纯。牛惠生是宋氏三姐妹的姨表兄弟。

温秉忠系第二批留美幼童，1873 年赴美留学，就读于伍斯特理工学院。1881 年清廷提前终止留美幼童计划后，温秉忠回国，在美国驻镇江领事馆服务过。后任两江总督端方的幕僚，1906 年被指派为两江总督外务部门副主管（在两江总督府时，还担任过南京一家重要的教育机构的主管），1905 年至 1906 年间作为高级幕僚随同清廷“考察政治大臣”戴鸿慈和端方赴美国、德国及俄国考察宪政。1907 年 8 月，受端方委派护送官费生赴美留学。

牛尚周系第一批留美幼童，1872 年赴美留学，1877 年在马萨诸塞州的斯普林菲尔德市立高中毕业，转往波士顿等地的技术学院学习电讯、采矿和工程铁路等专业知识。1881 年回国，先在电报局工作，后在江南船坞机械厂任翻译员，后升任负责处理涉外事务的帮办。

宋耀如（即宋嘉树，原名韩教准）1877 年到波士顿后，结识了两个常来其养父经营的丝茶号喝茶的中国留学生牛尚周和温秉忠。宋耀如信奉基督教，受洗后教名为 Charles Jones Soon（回中国后不久，又将 Soon 的英文拼法改成了 Soong）。之后，宋耀如进入有基督教监理会（Methodist Episcopal Church South）背景的北卡罗来纳州 Trinity 学院（杜克大学前身）和田纳西州 Vanderbilt 大学神学院进修学习，1885 年毕业。宋耀如受基督教监理会派遣于 1886 年 1 月抵达上海，后任监理会“试用传道”及“巡行传道”在昆山、七宝、太仓传教。1890 年 10 月，宋耀如脱离基督教监理会年议会后改当自由传道人。在上海定居下来后，宋耀如在虹口朱家木桥东有恒路（今东余杭路）牛家及倪家旁购地建屋相邻而居。宋耀如先是兼职售卖《圣经》，1890 年

**图 2** 宋庆龄。摄于 1907 年。

在自家地下室里开办小型印刷厂印刷《圣经》，将公司取名为“华美印书馆”。有据可查的资料显示：1903 年至 1910 年间宋耀如在上海的阜丰面粉厂任秘书兼翻译，1900 年至 1906 年间宋耀如还至少在三所学校教过书。

在回忆录中，牛惠生提到他 1907 年进入上海圣约翰大学上一年级前，其兄长牛惠霖也在是年 3 月份去英国留学读医，

**图3** 牛惠生及父亲牛尚周、母亲倪桂金合影。牛尚周孙女牛恩美供图。

而他父亲牛尚周收入微薄，同时负担两个男孩出国读书开销太大，他去美国读书的想法就打消了。牛惠生还提到温秉忠为倪锡纯申请到了在美国学习的奖学金，并想带他的妹妹牛惠珠一起去美国。

牛惠生提到安排宋庆龄、宋美龄姐妹赴美留学时的一句话引起了笔者的注意："在温家姨妈和姨父的关心下，他们（指宋耀如夫妇）能资助她们（指宋庆龄、宋美龄）的学费。”笔者对这句话的理解是温秉忠夫妇在财力上对宋氏姐妹留美有所帮助。对此，笔者跟《东成西就》的作者罗元旭作了探讨，他的回复是："这并不使我吃惊，因为温无疑是亲戚中最富有的。"

2014 年 4 月，笔者跟牛恩美医生及徐景灿在上海见面时，向徐索取了英文版牛惠生回忆录，上面提到的那句“在温家姨妈和姨父的关心下，他们能资助她们的学费”的英文原文是“Under the care of Uncle and Aunt Wen, they could afford to do so financially”，英文含义也有些含糊，笔者也没有再深究。

后来，笔者在撰写《李子义家族与东吴大学》一文探寻杨豹灵留美细节时，参考了朱玖琳的文章《宋氏三姐妹是怎样赴美留学的？》（见 2012 年 12 月 17 日《生活日报》）。在进一步查阅监理会早期在中国的宣教资料时，笔者又不时读到宋教准（即宋耀如）的名字，由此触发了笔者进一步探究温秉忠是否在财力上对宋氏姐妹留美有所帮助的兴趣。

于是笔者将这个想法跟一位研究历史的朋友进行了沟通，她直接否定了这种猜测，理由是：宋耀如是一位成功的商人，很早就开始售卖《圣经》且获利颇丰，故女儿赴美留学无需他人资助。笔者则陈述了自己的理由：迟至 1900 年中国总共才只有八万五千名基督教新教教徒，至 1906 年也不过十八万不到，所以不能用国外售卖《圣经》的规模来作推测（监理会出版的 *Survey of the Field, Facts and Figures for 1909* 一书中记录：监理会 1909 年在全中国的信众为 2321 人）；另据宋的外甥女牛惠珍回忆：当年在宋家的小型印刷厂里印刷好了的《圣经》是由倪桂珍做校对的，因此笔者认为印刷量也不会很大。故笔者推测宋耀如的财富积累应该是有一个过程的，1907 年还不一定

**图 4** 宋耀如和牛尚周等人合影。后排左至右依次为：宋耀如、牛尚周、倪锡令；前排左至右依次为：倪锡纯、倪桂珍、倪桂金、倪秀珍、倪蕴山夫人。

非常富有。然而，我们都没有能够说服对方。

此时，笔者在“历史新知网”上一篇题为“王季茝、胡彬夏、宋庆龄和曹芳芸曾是第一批被公派赴美的女留学生”的文章中读到一句“当时宋庆龄还不足 15 岁，如果没有其姨父温秉忠的关照，不会有这样一个机会赴美留学”。于是，笔者去查询了 1907 年这批留学生的年龄，结果令笔者大吃一惊。

从笔者找到的 15 名留学生中的 13 名（缺陈达德和杨景斌）的资料来看，在去除最年长的曹芳芸（36 岁）和最年幼的宋庆龄（14 岁）后，其他 11 人平均年龄为 22.3 岁。且大部分人已经有大学学习经历，有的已经大学毕业，甚至已经工作。

在“历史新知网”的这篇文章中，还提到“宋庆龄没有像胡彬夏、王季茝、曹芳芸一样入读韦尔斯利女子学院，而是先入一所私立学校补习英语，翌年考入卫斯理安女子学院文学系就读，可以说是沿着姐姐宋霭龄的留学足迹前行的”。此卫斯理安女子学院即坐落于佐治亚州梅肯市由监理会创办的Wesleyan College，时年18岁的宋霭龄在此上学。

笔者又搜索到了康静、李艳平的文章《中国第一位女化学博士——王季茝》(《中国科技史杂志》2012年第33卷第2期)，其中引述了两江总督端方当时的奏折内容，大意是：1906年端方在考察美国各高校时，“威尔士利学院校长赠送中国三个女留学生名额，免收住宿费、学费和饭费。耶路大学（耶鲁大学）

**图5** 倪家的家庭合影。前排左至右依次为：倪秀珍、倪桂珍、倪桂金；后排左倪锡纯，右倪嘉树。墙上图片为倪蕴山夫妇。倪锡纯儿媳史美芬供图。

校长送中国三十三个留学生名额，免收学费。干尼路（康奈尔）大学校长每年送中国六个名额，免收学费”。1907 年 9 月温秉忠带领这些学生到达美国后，十一名男生直接进入耶鲁大学或康奈尔大学，“男学生胡敦复等十一名已一律收入，计耶路大学四名，干尼路大学七名”，但王季茝等女生未能顺利入学，“威尔士利大学以女学生胡彬夏、王季茝、曹芳芸三名，程度微有未合，令入附设预备学堂，俟试验及格，再行升入。其宋庆龄一名，另择相当学堂送入”。

这批十五人的官费留学生中的十四人都进入了端方访美时答应赠送留学生名额的三所大学（或附设预备学堂）。但是，宋庆龄赴美后并没有进入这些大学（或附设预备学堂），而是与时年九岁的宋美龄一起先入宋耀如和温秉忠在上一年探访过的位于新泽西州 Summit 镇的 Potwin 学校补习英语，一年后入卫斯理安女子学院，但是宋庆龄的官方记录还是在马萨诸塞州波士顿的韦尔斯利学院（前面奏折译作威尔士利学院）并享有官费待遇。

在跟那位研究历史的朋友作进一步交流后，笔者倾向于温秉忠夫妇没有直接提供“财力”上的支持。但是，在温秉忠的“关照”下，宋庆龄取得了官派名额。这里所谓的“关照”并非指在考试时放了水，而是指在入选年龄（宋只有十四岁）及就读学校（宋去了未赠送留学名额的卫斯理安女子学院）上对宋庆龄的尺度有所放松。

此后不久，循着前面提到的朱玖琳文章中的线索，笔者找到了 1907 年 6 月 17 日《申报》刊登的两江总督端方在初一日（6 月 11 日）发出的“挑选男女学生赴美游学”牌示的内容，内有“均以在中学堂以上毕业、程度较深、能直接听讲者为合格”一句。尚未从中西女塾毕业的宋庆龄明显不符合“中学堂以上

**图 6** 温秉忠。摄于 1930 年。

毕业”这一入选条件。

据此，笔者推断牛惠生回忆录中提到的“care”和“financially”，应该是指温秉忠的“关照”使得宋耀如可以在“财力”上负担两个女儿同时赴美留学的开销了。此时的宋耀如还需负担正在威斯里安女子学院上学的宋霭龄（十八岁）、比宋庆龄年幼一岁的宋子文（十三岁）、比宋美龄年幼一岁的宋子良（八岁），以及只有一岁的宋子安的生活及教育。

行文至此，我们会发现，同船的官费生倪锡纯、宋庆龄及自费生牛惠珠、宋美龄四人均是温秉忠的姻亲。

其中牛惠珠（十岁）抵美后于当年 9 月上旬由 Mrs. J. C. Johnson 从首都华盛顿带到了佛蒙特州 Brattleboro 小镇，9 月 18

日开始正式寄养在马萨诸塞州 Milton 镇的霍布鲁克（Holbrook）家，并开始在 Milton 公学上学。温秉忠在 9 月 18 日写信给霍布鲁克太太，希望能在他和夫人倪秀珍离开美国之前访问霍布鲁克一家和他的外甥女牛惠珠。随后，温秉忠造访了他们。

另外，这批学生中相当一部分人，或者家庭具有教会背景，或者本人具有教会学校背景。

据笔者朋友在美国国家档案馆官网找到的资料显示，温秉忠及夫人一行二十三人（其中二十一人入境时的身份系学生）乘坐 Minnesota 轮于 1907 年 8 月 28 日自上海抵达华盛顿州西雅图，目的地是首都华盛顿。除了十四名官费留学生（没有杨豹灵的名字）及已知的自费生宋美龄、牛惠珠，另外五名学生（据排列次序来看，均为男生）的中文姓名及背景尚有待作进一步的探寻。

结束此次访美行程后，温秉忠和夫人倪秀珍于 1907 年 10 月 31 日乘坐 Kaiserin Auguste Victoria 轮由纽约前往汉堡。他们一共在美国待了两个月出头一点。

# 记体育事业的先驱舒鸿先生

龚玉和

舒鸿先生（1894—1964）是我国体育史上的第一个国际级裁判员，也是我国首个裁判组织——中华运动裁判会的创办人。

为此，作者访问了舒先生长子舒昌荣先生。

他说，父亲舒鸿是浙江慈溪人，生于上海，青少年时代在上海明强中学读书，每天下午到四川中路上海青年会参加篮球训练；毕业后，考取了上海圣约翰大学。课余，他特别喜爱体育运动，后赴美留学，1923 年毕业于美国体育学府斯普林菲尔德学院，又进入克拉克大学卫生系，获硕士学位，并成为该校篮球发明人奈史密斯教授的门生。

1925 年，舒鸿回国，在上海创办了中华运动裁判会，并担任会长。在这段时间，舒先生朴实无华、执法严明、公正不阿的体德品德赢得中外人士的一致称赞。经过考试，舒鸿和他的同事，以及他们所创办的“中华运动裁判会”，成为我国第一批国际级裁判员，以及国际组织认可的国际级裁判组织，并成为美国裁判会的正式成员，舒鸿也成为奥运会上第一位中国籍裁判员。

说到这里，舒昌荣不无感慨地说，父亲一生的梦想，就是“体育救国”，提高全民的体魄素质，并非仅仅获得几块金牌而已。

图 1　年轻时的舒鸿

父亲常说，中国人只有有了强壮的体能，才能建设祖国，才能报效国家。因而，我们需要全民族体质的提升。

1925 年，舒鸿首次来到杭州，在之江文理学院执教，就在距离钱塘江边约一百米的半山上兴造了一个游泳池，此泳池是杭州史册上的第一个标准游泳池，后成为 1930 年第四届全运会的比赛用池。

1929 年，杭州成功举办了第一届西湖博览会之后，声誉一时在全国扶摇直上。由于省政府向中央力争，原定在广州举办的第四届全国运动会决定易址杭州。在 20 世纪 30 年代以前，我国虽然也举行过国际性的体育赛事，称“万国运动会”，但多出现在上海的租界内，由洋人操办。可以说，前三届全国运动会是由洋专家帮忙办成的。这次在杭州举办的第四届全运会是仍按惯例聘请洋人操办，还是由国人自主举办？浙江省政府主席张静江对此举棋不定，他想到了在上海滩上已经小有名气的国际级裁判员舒鸿。

1929 年 9 月的一天，舒鸿先生又一次应邀来到杭州。

张主席见到舒鸿后，不无疑惑地问道：“我们想请你担任第四届全运会的设计股股长，承担比赛的场地建设，制定竞赛规则，还有，就是对于赛事、运动员的裁判工作等，我们想，这次运动会不要洋人帮忙，凡是运动会事务，均由中国人来办，你能挑得起这个大梁吗？”

舒鸿胸有成竹地说：“要外国人干什么？就是上海租界里的洋人开运动会，还要请我帮忙筹划。”一番话谈下来，张静江不由得对舒鸿刮目相看，说道：“眼下杭州还没有一个适合于举办如此大型运动会的场所，也没有赛场用地，当务之急，想请你在全城选一块地方，作为开办第四届全运会的场地。你只要看好了，我就设法将这块土地腾出来，作为全运会比赛场地。”

接下来，舒鸿在杭州城里城外到处踏勘，试图寻找一块合适开大型运动会之地。他先到了金衙庄，这是杭州最早举办体育赛事的地方。那是1906年，由原浙江武备学堂操场改建而成的一个田径比赛场。舒鸿考察后不甚满意，又找到了下坡巷。此巷有一座洋房是美国传教士的住所，1911年举行过一次杭州最早的篮球赛。舒鸿看后觉得那个地方虽然不错，但用来举办

**图2** 舒氏家族的合影

**图 3** 舒鸿与夫人、儿子

一个全国性大型运动会，仍显得有些局促了。接着，他去了湖滨路、南山路交接处（今大华饭店所在地）的浙江省民众体育场，1920 年人们已经在这里建成了杭州第一个设施较完善的公共体育场。舒鸿感觉这里虽濒临西湖、旁依城区，有明显的地理优势，但面积只有 2.87 公顷，举办一场大型运动会还是嫌小了。

最后，他到了大营盘。之所以人们将这个地方称为“大营盘”，是因为从南宋以来这里就是屯兵之所，除了军营，附近还有一个面积很大的演兵场，如今为国民革命军陆军第一师师部驻扎地。这里场地开阔，东有东河，西有中河，这两条河流将大营盘分割成一个较为独立的单位。舒鸿一眼便看中了这个地方，于是找到了张静江，谈到了大营盘作为全运会的比赛场地的种种优势。张静江听了舒鸿的一番话，说道：“好吧，既然是舒先生相中的地方，一定错不了。” 在张静江的指令下，驻大营盘的军队立马腾出。而此时，离开全运会只剩半年时间了。

舒鸿带着人，一边设计，一边施工，不分昼夜地干着。舒昌荣说，原大营盘不通汽车，一座有石级的拱桥，需要躬身拾级而上。父亲虽有自备汽车，也只能坐黄包车进入大营盘工地。当时建造运动场的材料全部依靠水运，由运河、钱塘江经中河、东河运送到梅登高桥码头上岸，再转运进入全运会建筑场地。这无论是对于工地建筑材料的运输，还是全运会期间人流往来都相当不便。按照舒鸿的设计方案，需要修建一条公路。此路

**图 4** 早年的宝善桥

从横跨东河的宝善桥开始，一直延伸到中河边的梅登高桥，又将宝善桥由拱桥改为平桥，那条10厘米 ×10厘米方块石铺马路就是今天的体育场路雏形。

1930年4月1日，第四届全国运动会开幕了，这是一场首次全部事务都由国人操办的全国性大型运动会。

此时，大营盘人头攒动，场内可容纳一万二千多人的木质看台，被观众挤得水泄不通。报刊对此作了详尽的报道，民众对于举办这次运动会热情高涨。第四届全运会上，诞生了一位耀眼的明星，他就是田径短跑冠军刘长春。刘长春在第四届全运会上获得男子短跑100米、200米、400米三项冠军，据说前两项还创下了亚洲纪录，赢得了众多女观众的青睐，他竟然收到了一百多封情书，其中将近一半是杭州女孩寄来的。对此，舒鸿曾不无幽默地说："想不到会场外为运动员设置的邮箱居然成了一座鹊桥。"

全运会结束后，市政府决定，将这条新筑成的道路命名为"体育场路"。

在建造体育场的那些日子里，舒鸿先借住在湖滨的沧州旅馆，此旅馆的设施在杭州堪称一流；有时，他也住在全运会筹备处内，而舒鸿的家眷仍在上海。舒昌荣回忆道："我们一家人刚到杭州时，借住在西大街（今武林路）狮虎桥的亲戚家。当年我还小，但对西大街印象清清楚楚，西大街有一大片桑树，外公郁厚坤就住在西大街的一所院宅内。30年代时，西大街已经有了电灯，但没有自来水，院内有口井，井水只用来洗涤；饮用水则全靠下雨，天井中放了几个大缸，用来存放雨水。"

舒昌荣又说，虽然大营盘定为第四届全运会所在地，原驻大营盘兵营并没有拆除，一半位置，也就是路南部分划为体育场，路北仍是陆军一师军营，暂借给全运会使用，作为全运会办公室与运动员的住所。全运会结束后，就将那些房子还给了军队。

他指着一张照片“全国运动大会全体职员摄影记念”（图 5）后面的一排房子，说道：“当年的兵营在全运会场所内，也就成了运动员的宿舍。”全运会结束后，浙江大学郭任远校长聘请舒鸿先生为该校的体育课主任。

1936 年，孝女路的未央村刚造好，这条里弄是当时杭州最好的西式公寓建筑，由于舒鸿在体育界声名卓著，便成了未央村的首批住户之一。舒昌荣回忆道：“我们刚刚搬进去时，整条里弄还没有几户人家，我家租住未央村的三号楼。”

1937 年，舒鸿设计建造了玉泉游泳池，这个新游泳池处在郊区的玉泉寺前的林荫深处，整座游泳池长 50 米、宽 16 米，池内引进了清澈的灵峰山泉。夏季，水质清凉透澈，吸引了诸

**图 5**　全运会职员合影

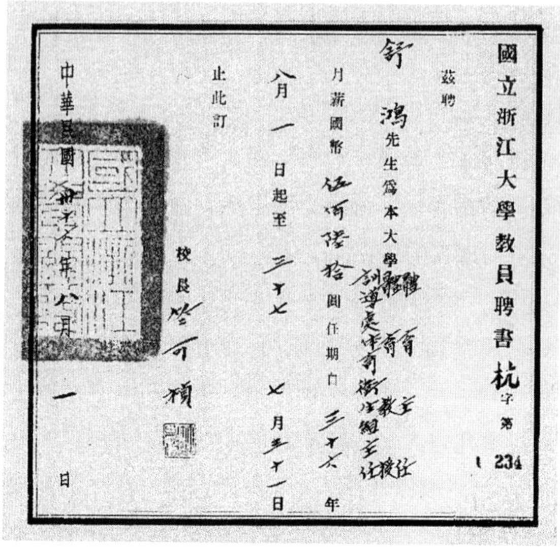
國立浙江大學教員聘書 杭字第 234

茲聘

舒鴻先生為本大學訓導處體育衛生組主任兼體育教授

月薪國幣伍佰陸拾圓 任期自三十六年

八月一日起至三十七年七月三十一日

止此訂

校長 竺可楨

中華民國三十六年八月一日

图 6　国立浙江大学聘书

多游泳爱好者。迄今，这个游泳池仍然是人们戏水、竞技的场所。后来他又设计建造了大学路游泳池，让人意想不到的是，泳池刚造好，还未及放水，日军就打过来了。他们占领杭州后，将游泳池炸了一个口子，使其成了日军养马场。浙大被迫西迁，师生们每到一个地方，如江西泰和、广西宜山、贵州遵义，舒鸿都要设法寻找师生可以游泳训练的地方。每到一地，他都要亲自下水，摸查河床是否平坦，然后，拉上绳索，标出浅水区、深水区，以适合作为临时游泳场所。

舒昌荣说，抗战胜利后，父亲随校回到杭州，住在建德村的老浙大宿舍，离大学路的浙大校本部只有一箭之地。竺可桢先生接任浙大校长，继续聘请舒鸿为体育主任，月薪五百六十元大洋。竺校长酷爱游泳、网球。舒昌荣回忆道：“那时，人们常常可以在华家池的河塘中见到有人在游泳，等上岸以后才发现，那二位游泳者就是竺校长与父亲。”

1951年，舒鸿在昭庆寺后弥陀山设计了一个弧形的游泳池，泳池有一千七百平方米，也是他建造的最大游泳池了。1952年，全国大学院系调整后，舒鸿先后担任了浙江师范学院体育专修科主任、体育专科学校校长、体育学院副院长。

1954年，舒鸿全家从之江大学搬到体育场路今浙江日报社内的原浙江师范学院校宿，这座房子是1953年造的，原称为“教师进修学院宿舍”，离学校的教学楼不远。那是一幢二层楼的房子，舒家住在一楼，有三个房间，每个房间有二十多平方米。舒昌荣指着舒鸿伉俪与侄儿舒适夫妻的合影（图7），说道：“后

**图7** 舒鸿夫妇与侄儿舒适夫妇在体育场路宅前留影。

**图8** 舒鸿夫妇与三子在体育场路科学馆前。

面的那座屋子，就是当年我们在体育场路上的那座房子。”

他说，与他家住在一起的人还有体育系的胡士煊，时任体育系的副主任，后来成为主任；其他还有张强邻、朱守训、屠鼎英，以及中文系的王驾吾、姜良夫等。

当我们谈到舒鸿入住时的琐事逸闻时，舒昌荣开心地说：“全体师生每天要做早操，父亲作为体育系主任，每次都要到场点名，学生太多，点名费时费力，哪能每个人都点到？父亲想了个办法，他给每位学生的位置上画了一个圈子，各人按规定站在自己的圈子内，如果发现那个圈子空着，说明这个人没有到。”

舒昌荣指着一张全家在办公楼前的照片，说道：“这张照片后面的那座楼房就是当年体育科教室和实验大楼，称作‘科学馆’。那一年（1954），父母与我们兄弟三人一起合拍下了这张照（图 8）。这座楼至今仍在，就是浙江日报大楼后面的那座老楼。”我们仔细端详，只见舒鸿身着棉质长衫，旁边是夫人与他的三个儿子。后来，我们到浙报大楼后面一看，果然不出舒先生所言，此楼仍在。只是从图片上看，这座楼只有三层，可是现在却有四层了。想来，后来人们又在原楼顶上添加了一层，此照片可说成历史证物了。

舒昌荣说，新中国成立以后，党与政府对父亲非常关心。50 年代，省长沙文汉对父亲相当器重，成了我家座上客。后来，

**图 9** 1959 年，舒鸿带领杭州体专全体师生参加筹建黄龙体育中心施工。

图 10　舒鸿夫妇在浙江医院留影

父亲担任省体委副主任，当时主任是钱钧将军，以省军区司令员兼任，成了我家的上宾。

1955 年后，舒鸿除了担任浙江省体委副主任，还担任中国篮球协会委员、裁判委员会主任、全国体育总会浙江分会副主任、浙江省篮球协会主席、省政协常委等职。在 20 世纪五六十年代，虽然舒作为体育领导干部，但是他从未离开过体育教学和运动员训练，依然亲自担任篮球、田径、体育理论、裁判法等课程的教学，并亲自选拔组建代表队并任教练。

舒鸿一生都在梦想着，在杭州能有一个大型体育运动馆，成为竞技、锻炼身体、学习体育运动知识、健身养生的场所。

舒昌荣说，父亲担任体委领导以后，一直为体育事业而奔走，多次提议在黄龙洞前的那块土地上，开发一个世界一流的体育中心，只是当时的条件下，资金成为一个大问题。1959 年冬季，舒鸿冒着严寒，带领体专师生到筹建中的黄龙体育中心工地劳动，挑石担土（图 9）。

还有一次，舒鸿与时任省教育厅厅长刘丹谈到在黄龙洞区块建造一个大型体育馆时，刘丹想了一下，说眼下资金是一个大缺口。舒鸿听了，说道："如果黄龙不行，那么，就先搞个小龙吧，先将体育馆造起来。"刘丹表示，建造体育馆的场地也是个问题。舒鸿说："没有地？体育学院的那块场地可以拿去盖体育馆，我给你设计，你要做快一点，能让我看到体育馆的建成啊！"此时，仿佛舒鸿已经预感到自己为时不多，他说的"那块场地"，就是体育场路上浙江体育学院的田径场和球类房、体操房的土地。

有一次，舒鸿与省委书记处书记陈伟达及体委主任罗希林、副主任冯白驹（冯同时也担任副省长）又探讨了这个问题。舒鸿根据经验，建议将体育馆做成"鞋形双曲悬弧式造型"……

舒昌荣最后说，1963 年开始，父亲身体不太好，已不能在岗位上继续坚持下去了，只得离职休养，住进了浙江医院。

1964 年 7 月，舒鸿走完人生旅途的最后里程。

1965 年，杭州体育馆开工；1969 年建成，也就是今天体育场路上矗立着"鞋形"市体育馆。也许这一样式，正寓意着，全民体育事业，全民族的强身健体，需要众人脚踏实地的努力，一步一步地向前迈进，才能取得更加辉煌的成果……

可惜的是，舒鸿没能亲眼见让自己为之奋斗多年杭州体育馆的落成。

# 丁玲在北大荒的日子

赵国春

我国著名女作家丁玲在北大荒劳动生活的十二年，是鲜为人知的一段历史。然而，在黑龙江垦区仍流传着许多她的故事。

## 初到密山

1958 年 6 月 29 日凌晨 4 点钟，戴着“右派”帽子的丁玲，走出密山火车站，来到了这个陌生的小城。

8 点钟左右，丁玲怀着忐忑不安的心情，被领到楼上局长的办公室。王震伏在一张大地图上，看了一会儿，抬起头来：“陈明在八五三农场，他那个地方是新建点，条件差一点，你就不要到那里去了，你们换个地方，到汤原农场吧，我已经叫他们打电话给八五三农场，调陈明来，同你一道去汤原农场。那里在铁道线上，交通方便些，离佳木斯近，条件好些，让他们给你们一栋宿舍。”

7 月 1 日，吃过中饭，陈明从八五三农场赶来了，两人热烈拥抱，好大一会儿相对无言。丁玲又高兴又心痛，分手才三个多月啊，老陈怎么变得又黑又瘦？她简直都快认不出来了。

第二天，丁玲和陈明带着王震的信，坐上火车的硬座，到了佳木斯，他们找到了临街的一家旅店住下后，美美地吃了一顿西餐。

## 汤原安家

7 月 3 日，丁玲夫妇到了汤原农场。陈明被分配在场部的第二生产队参加劳动，丁玲则被分在一分场畜牧队养鸡。

丁玲来到养鸡队，被安排到一间堆满鸡蛋的屋子里，挑选

**图 1** 1959 年冬天，丁玲（前排中）在汤原农场畜牧队任文化教员时与大家合影。

**图2** 20世纪60年代中期，丁玲与陈明在这间茅屋里住了三年。

鸡蛋，把能够孵化的留在一边。她原以为这是轻劳动，但半个钟头下来，她的腰疼了，开始坐不住了。丁玲原来就患脊椎骨质增生，常常腰疼。她一阵眼花头晕，要倒下去。幸好，这时走来了张振辉。他走进门，一眼就看出丁玲不行了，忙说："我说丁玲是啥样子，原来是一个老太婆。呵！看，满头大汗，满脸通红，快歇息一会儿吧！不要以为拣蛋不费力，看来从没有干过呀！"他走过来拉住丁玲的手，丁玲就势扶着他才勉强站了起来，连腿也是硬的。邓明春忙从孵化室里走出来，抱歉似的说："你回家休息去吧，身体好些了再来，不要勉强。"

张振辉把丁玲扶到院子里，一阵风吹过，丁玲心里有点迷迷糊糊，觉得不该走，却又自然地慢慢走回家去了，顾不上同他们告别。

## 转宝泉岭

1964年12月5日，丁玲和陈明来到宝泉岭农场安家落户。陈明在农场工会帮助工作。农场安排他们住在招待所的底楼最后一间套房里。冬天天气寒冷，高大钧特意嘱咐招待所主任，每天连带着帮丁玲烧火墙。

丁玲刚来这个农场参观时，场长特意介绍了标兵邓婉荣同志（杜晚香的原型——《杜晚香》是丁玲晚年创作的小说）。

有一天，忽然从楼下广场传来了两个女人吵架的声音。丁玲趴窗户往下一看，只见一群看热闹的正拥着两个女人，朝场部这边走来。

**图3** 1981年7月，丁玲回访时在友谊农场麦田。

**图 4** 1981 年 7 月，丁玲与陈明重返北大荒，探望在五六十年代结下深厚友谊的农场职工 。

“又是六委那两个家属！”工会干事“杜晚香”着急地说了一句，就跑下楼劝架去了。

丁玲来到宝泉岭不到一年，但也听说，场部家属宿舍划分成八个居民委员会，共有家属大约二三百名。工会女工部管不到家属，平时她们干完家务，就东家走西家串，唠家常传闲话。六委主任小张，是个老实巴交、不爱说话的山东小媳妇，急得常常掉眼泪。

午后的阳光照在六委张主任家的小院里，暖洋洋的。四十几位家属挤坐在屋里屋外的小板凳上，听邓婉荣讲话，她们都很佩服邓婉荣，因为她不摆架子，说话办事都畅快。

丁玲乐呵呵地和家属们热情地打着招呼说：“我来六委帮助你们学习，从今后，我就是你们六委的人了。”

个子不高、大眼睛的小胡，手里一边纳着鞋底，一边说：“学习、劳动我们都高兴，可家里的孩子给谁看？”许多人也随声附和着：“是呀，我们孩子小，还没上学呢！”

坐在邓婉荣身边的丁玲说：“咱们办个托儿所，不好吗？”

“办托儿所？说说倒容易，我们也早就想办，可房子上哪儿找呀？”

回家的路上，丁玲脑子里蹦出一个想法。她顾不上回家，扭身朝场部大楼走去，找高大钧求援去。见到丁玲来，高大钧放下电话，忙热情让座：“你来半年了，一直想找个机会跟你好好唠唠，可总没有时间。”他一边说着，一边给丁玲沏茶。

丁玲非常了解高大钧这个人，他直来直去，快言快语，也喜欢别人讲话不拐弯抹角，就直截了当地说：“我遇到困难了，想请求你的支援。”

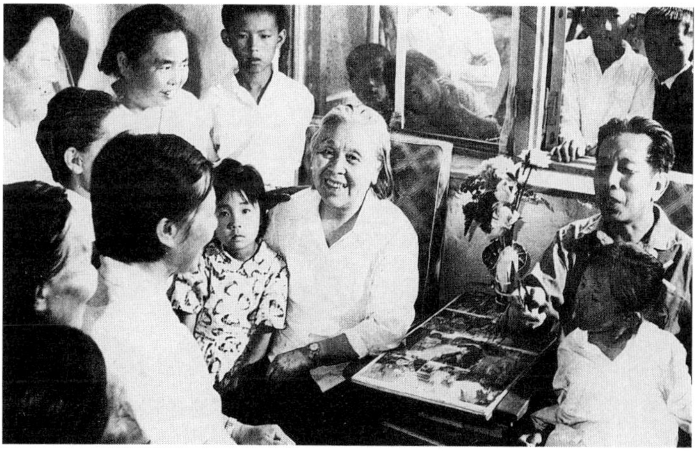

**图 5** 1981 年 7 月，丁玲、陈明回访北大荒时与老友相逢在当年的同事张文豪家。

"啊？是生活上的？还是工作上的？"高大钧很认真地问。

丁玲把组织家属学习的想法和办托儿所没有房子的困难，都跟高大钧说了。老场长听完非常高兴地说："应该支持，这是为农场办好事嘛！至于空房子，眼下的确不好找，不过我马上就让房产科想办法，明天就给你回音。"

第二天，房产科的同志告诉丁玲："好房子实在找不出，破草房倒是有一间闲着，要是合适，场里可以找人帮助修修。"

这间草房子就在六委这排草房的尽头，原先是养牛的，闲了几年没用，房顶漏风，墙壁坍塌，虽是初夏五月了，屋角还有尺把厚的积雪。丁玲跟着邓婉荣，带着十几名家属，到十几里外的草甸上去打草，苫好房顶，又和泥脱坯，补好了墙壁，屋里新抹的墙刷上了雪白的石灰。丁玲买了一些花花绿绿的彩纸、气球和小玩具挂在棚顶，经过这么一打扮，引得孩子们都

**图6** 1981年7月，丁玲重返北大荒，看望曾经一起生活劳动的养鸡姑娘，熟练地重操旧业。

**图 7** 1981 年 7 月，丁玲回访时在农垦总局会议室里与看望她的老同志交谈。

往这里跑。

孩子们入了托儿所，六委的三十三名家属组成了家属队，全都参加了麦收劳动。丁玲又和邓婉荣说：“咱们得趁热打铁，趁着这股热乎劲，把学习也搞起来。”

“行！你文化水平高，比我强，该怎么学，就由你领头吧！”邓婉荣说。

1966 年上半年，丁玲在和邓婉荣相处两年多之后，以这位女标兵为模特，创作了《杜晚香》。1979 年发表以来，在国内外享有盛誉。1980 年，其法文版以《大姐》为名出版发行。

**图 8** 1981 年，丁玲回访北大荒时与陈明在现代化拖拉机上。

## 重返北大荒

1981 年 7 月 15 日，丁玲和陈明从北京回北大荒探亲。7 月 19 日天刚亮，丁玲和农垦总局的同志就坐上松花江上的小火轮，直奔普阳农场。

轮船一靠岸，陈明就禁不住招手大声喊起来："王俊芬，你好哇！"他和丁玲都深深记着这个从山东来支边的大姑娘。陈明被派到鹤岗修铁路时，就是她，不怕别人的闲言碎语，不怕"划不清界限"，每天去给丁玲作伴，给丁玲从井台上挑水，像照顾自己的老妈妈一样照顾着丁玲。

丁玲到达普阳农场的第二天，下了一场暴雨，到处是泥浆、积水。这天晚上，普阳农场工会大会议室里，灯火通明。农场党委为了满足职工们的要求，安排了一次形式新颖的活动——请丁玲、陈明在这里跟汤原农场老职工会面、座谈。就连住在几十里以外的生产队职工，在接到通知后，都骑自行车匆匆忙忙地赶来了。会议室里座无虚席。

22日晚6时，从普阳开了两个多小时的北京吉普车，在宝泉岭农场招待所门前停下，一位身穿月白衬衫，已鬓发花白的老者陪同丁玲从车上走了下来，大家远远地望着。

第二天一大早，丁玲就到家属区去看望朋友。她要访问的老乡故旧实在太多了。丁玲在宝泉岭时，一位老人常去找他谈心，还请丁玲吃过大馇子，这次回来，她能不去看望这位已九十三岁的老人吗？

丁玲和陈明一起，沿着他们当年住过的那排拉合辫子垒成的“六十户”泥草房，探寻旧日的踪迹。泥草房塌了，“六十户”前的泥土路已经杂草丛生，大多数家属都搬进了新居。丁玲正走着，从一座旧房的瓜棚下，走出一位六十多岁的老太太。老太太一眼就认出了她，连声说：“这不是老丁吗？”丁玲也赶忙迎上前去，双手握着老太太的手说：“这不是刘大嫂吗？”

汤原是丁玲来北大荒时的第一站，他们在这里工作生活了六个年头。

丁玲重访北大荒，在普阳、宝泉岭、汤原这些她曾日夜怀念的地方，留下了她的欢笑，留下了她对北大荒的感激之情。

旧事重温

# 新文艺出版社轶事

冬 冬

家父李俊民（1905—1993）是在1953年10月开始担任上海新文艺出版社（简称“新文艺”）社长的。该社正式成立于1952年6月1日，由海燕书店、群益出版社、大孚出版公司合并改组而成，是全国第一家公私合营的出版机构。原社长刘雪苇（1912—1998）先前已调往中央文化部，主持日常工作的是副社长兼总编辑王元化（1920—2008）。不久，王元化也上调到市委文艺工作委员会助勤，好在他已经将出版社的业务班子搭建齐全，1954年的出书计划也制定完毕。但父亲的工作还是十分繁忙的，上边将一大批出版社并入了“新文艺”，有上海出版公司、平明出版社、光明书店、文化生活出版社、潮烽出版社等。于是，新文艺出版社增设机构，接收人员，除原来的康平路83号办公楼之外，又增加了康平路141号、155号等处。

1954年12月底，王元化代表市文委到社里布置学习任务，他是上海市委批判胡适、胡风学术思想领导小组的成员之一。父亲将刚调来的党支部书记曲廷璐请到社长室，一起商讨学习计划。曲廷璐原来是军队干部，在抗美援朝中负伤致残，转业到上海出版系统工作。我拜访过曲廷璐，他告诉我，那次“检查文艺思想问题的学习”一直延续到次年2月，学习期间并没有牵涉到本社有关“胡风集团”具体的人和事。1955年5月13日之前，社里还是很平静的。那几天我父亲出去开会了，大家按部就班地做着自己的工作。13日关于“胡风反党集团”的第一批材料在报纸上公布后，气氛马上紧张起来。上边派来了以市委宣传部一位副部长带队的工作组，由市出版事业管理处党组书记、宣传部文艺处处长等领导以及公安部门的人员所组成，曲廷璐和父亲两人作为新文艺出版社的代表参加工作组一般会议。运动由市委宣传部和文艺工作委员会领导，出版事业管理处具体负责，曲廷璐担任联络员。

14日下班后，工作组召开全社紧急大会，宣布“胡风分子”名单。晚上9点多钟，张中晓赶到耿庸家中告诉他，他们两人的名字都在其中。耿庸听后不以为意，张中晓是胡风关心培养的小青年，人所皆知；而他，两周前还在给胡风写信，赞扬他是“受难的普罗米修斯”。没想到15日清晨，耿庸被第一个逮捕，这完全出乎他的意料（参见耿庸《未完的人生大杂文》，上海远东出版社1996年版）。

没过两天，父亲中午回家吃饭时困惑地说：“单位里的几个人不见了。”那一整天全社都很紧张，曲廷璐立即向出版事业管理处汇报，直到傍晚才弄清楚那几个人是给公安局抓走了。过后，出版社接到命令，将康平路83号所有办公室腾空出来，指派政治上可靠的同志做门卫。安排就绪后，只见本社几位“失踪人员”被公安便衣押了进来，进行隔离审查。其间工作组组织过抄家，没有抄出什么反革命罪证，只是从两个未婚青年的书橱里翻出几本外国的美女画报，那上面的裸体女人大家看都不敢看，赶快作为“防扩散”资料上交了。直到6月20日，隔离审查的大部分人才被转押到看守所。

我曾经好奇地问曲老，“胡风分子”的名单从何而来？曲老表示不得而知，因为新文艺出版社没有提供过名单。不过他以为批判胡风文艺思想的活动已经开展几年了，上边对这些人的立场观点早已了解，也没有什么好奇怪的。曲老说：“没想到王元化后来也给牵涉进去，他原来隔三岔五地到出版社来，实际上他的调令已经下来了，我曾经看到过。对王元化的隔离审查，新文艺出版社自始至终没有参与，是市里面直接抓的。”

上边对新文艺出版社“敌情”的估计竟是如此严重，原领导班子中，社长刘雪苇、副社长兼总编辑王元化、副总编辑梅

**图1** 1954年6月，新文艺出版社全体同人摄于康平路83号。前排左起第九人蒯斯曛，第十人王元化，第十一人李俊民，第十三人俞鸿模，第十五人冯秉序；右起第四人张茜。俞海诚供图。

林都成了“胡风分子”，就连1954年已调去北京的女支部书记何夷白，也被要求“说说清楚”。一时间，“新文艺”成了人们口中的“胡风窝”。

为了解这一场运动，我曾到图书馆查阅当年的《人民日报》，在1955年六七月将近一个多月的时间里，《人民日报》每天刊登两版声讨“胡风集团”的稿件，文艺界众多名人都写了表态文章，这也是一种通过官方媒体划分敌我阵营的方式吧，却没见有我父亲写的表态。我又查阅了《解放日报》，自5月13日之后，每天一整版，各界知名人士纷纷表态，就连新文艺出版社的中层干部、普通编辑人员中都有人发表了批判文章，但还是没有父亲的署名文章。只有一篇《人民日报》记者写的《胡风集团在新文艺出版社的反革命活动》，其中提到了“新来的社长”：

> 党注意到了新文艺出版社被胡风分子把持的严重事实之后，在1953年冬天将刘雪苇调离新文艺出版社，另派了一个党员去担任社长。胡风分子立即就把攻击目标转向这个同志，在群众中诽谤新来的社长“不懂文艺”“土包子”等，并在工作中百般刁难，抗拒，企图逼使他就范。

后来，我无意中发现1955

图2 李俊民。摄于1955年1月。

年9月20日的《文汇报》有一则广告性质的短文，说李俊民联系实际检查了右倾麻痹思想，展开了社内整顿。我根据这条线索查阅了1955年《文艺月报》9月刊，果然在一组《东郭先生》的漫画下方看到了父亲这篇近万字的检查。这时，“反胡风运动”已经尘埃落定了。

一年后，被逮捕审查的大部分人被放了出来。运动初期，他们被统称为“胡风分子”，还上了报纸，实际上，他们的结论是在审查结束后，由组织向他们个人宣布，并不公开。根据耿庸等人的回忆文章，耿庸与张中晓两人被定为“胡风反革命集团骨干分子”，王元化、梅林、罗洛、杭行（罗飞）被定为“一般分子”。

改革开放后，对1955年的“胡风集团案”进行了彻底的平反。党中央于1980—1988年间三次作出结论，先后否定了“胡风反革命集团”的定性，否定了“宗派活动”的提法，最终否定了所谓的“胡风唯心主义文艺思想”的存在。

## “海燕”同人话当年

我有幸遇到两位海燕书店的老人，一位叫冯秉序，一位叫陈梦熊，他们向我讲述了海燕书店的由来。

他们从海燕书店的老板俞鸿模说起。俞鸿模（1908—1968）

是福建福清人，曾在日本留学，1938年回国参加抗日。他先去了延安，延安方面推荐他去了武汉中共开办的新知书店。他在印尼经商的哥哥们分家，分给他一万元钱。节俭的俞鸿模拿出二十元给自己做了一套西装后，将六千元给了新知书店，又用余下的约四千元创办了海燕书店。这是因为他看到新知书店专门出版政治方面的书籍，所以他自己再开一个书店出版进步的文艺书籍。俞鸿模搞出版是赔钱的买卖，辛辛苦苦将书印出来，遇上战乱，书卖不出去，投进去的钱全都打了水漂。他在生活上十分艰苦，省下的钱全都用来出书，他的第一任妻子因此和他离婚了。

武汉沦陷后，俞鸿模作为新知书店上海分店的经理，转移到上海。胡风也在上海，抗战胜利后，他为海燕书店编辑了《七月文丛》，向解放区的作家和敌占区的进步作家组稿，先后出版了十种。每月，俞鸿模将卖出的书钱结算了版税给胡风，胡风再把这些钱分别寄给作者，自己一分不取，做义务编辑。胡风推荐给海燕书店出版的《新儿女英雄传》，作者袁静、孔厥，由郭沫若写序，在社会上轰动一时。后来，俞鸿模转移到香港，在那里，中共党组织安排林默涵做海燕书店的兼职编辑。再后来，海燕书店集中出版郭沫若的著作和迎接全国解放所需要的《马列主义基本知识丛书》，为党的出版事业作出了贡献。新中国成立之初，冯秉序接待过一位解放军首长，替他出版了《论文学的工农兵方向》《鲁迅散论》等著作，他就是刘雪苇。

1951年4月，俞鸿模响应国家号召，公私合营筹建新文艺出版社，各方出资比例是：公股2亿元（华东文化部拨付）；私股海燕书店7.99亿元，群益出版社2.55亿元，大孚出版公司0.42亿元（解放初期人民币1万元等于1亿元）。新中国成立前，新知书店曾经要发展俞鸿模入党，俞鸿模是个忠厚人，

**图 3** 1960 年俞鸿模全家福

竟以为自己不善于在会议上发言，“谦虚”地放弃了。这次公私合营，他向领导提出“我决定把我名下的股份就像在新知书店的一样献给公家”，领导担心影响其他参与合营的私股，没有同意。后来，他递交了入党申请，但因为他“资方代表”的身份，未能如愿。1964 年，他写下长篇回忆录《“海燕”十三年》，反映了抗日战争和解放战争时期活跃在中共出版战线上的战士们的身影。这篇文章成为他生命的绝唱。他的遗作发表于 1982 年 12 月出版的《出版史料》第一辑，同时发表的还有胡风为纪念俞鸿模而写的《〈七月〉作者与海燕书店》。

1952 年 6 月 1 日，出版社按照苏联模式建制：社长刘雪苇，副社长兼总编辑王元化，副总编辑梅林。下设创作文学编辑室、翻译文学编辑室。此外，俞鸿模任副社长兼计划财务室主任，冯秉序任出版室主任，何夷白任出版社党支部书记，兼任办公

**图 4** 冯秉序、俞森夫妇摄于 2007 年。

室和人事室主任。为了保证出版质量，还成立了一个原稿整理组，由王勉任组长，对编辑室送来的书稿进行语法、文字、标点的最终把关，然后再送出版室发排。刘雪苇时任华东局宣传部文艺处处长，王元化是文艺处下面的文艺科科长。召开成立大会时，华东局宣传部的领导除了部长舒同没有参加，三位副部长匡亚民、夏衍、冯定都来了，出版社的工资待遇也比照华东局机关，让全体同人兴奋不已。由于合营单位原有的人马大多数都是校对，只有王勉一人是海燕书店的编辑，所以为加强骨干力量，又调来了梅林、包文棣、刘金、耿庸、罗洛等人。

冯秉序（1922—2013），1939 年加入中国共产党，原来在上海威海卫路中共地下党办的中国文化投资公司工作，在此时认识了俞鸿模。1947 年局势紧张，中国文化投资公司解散。俞鸿模正在和于立群等人筹建群海联合发行所，缺少人手，便邀请冯秉序到海燕书店工作。俞鸿模对冯秉序十分信任。1948年，俞鸿模为躲避国民党的迫害，转移到香港，上海的一摊子事都交给了冯秉序。这一年10月，中共地下党领导的利群书报发行所被破坏，一百多人被捕，冯秉序也被抓进了监狱。冯秉序的妻子俞森（1942年入党的中共地下党员）将那些进步作家的书稿纸型保存下来，等到解放后再出版。俞鸿模找到在日本留学时的同学、国民党中央信托局副局长骆美中，请他营救冯秉序和贾植芳两人。贾植芳被捕前正在协助胡风编杂志，胡风知道俞鸿模有这层关系，所以请俞鸿模出面营救。骆美中保出了贾植芳，却没能保出冯秉序。俞鸿模只好写信给俞森，说如果花钱能够救出冯秉序，无论花多少钱都可以，由他来负担。新中国成立初俞鸿模从香港回到上海，看到从国民党监狱出来的冯秉序肺部积液、生命垂危，立即送去医院，请了一位好医生替他开刀，手术成功了。发生的费用，都是俞鸿模资助的。

“反胡风运动”中，俞鸿模、冯秉序两人均受到牵连，被关进了看守所。1956年七八月间，来了两个人对冯秉序说："公安局审查没有问题，明天你可以出去了。”冯秉序出来后，被调到市人委出版事业管理处工作。处长汤季宏对他讲：“你还是共产党员。”汤季宏是当年新知书店上海分店的会计，也是中共地下党员。冯秉序原来的住房被收掉了，没有地方住。汤季宏对他说："明天俞鸿模也要放出来了，你可以住到他家中去，陪他出去玩玩。”并为他们联系了青岛新华书店，让他们到青岛去调剂一下身心。冯、俞两人去青岛转了一圈，又不会游泳，只好站在海边看别人玩耍。待了两天，肠胃不适应，又得知费用要自己“埋单”，于是，赶紧回来上班。回到上海，汤季宏告诉冯秉序，正在联系将他被调到东北的爱人调回来。接下来，补发工资，安排住房，接乡下的孩子回家，冯秉序一家恢复了安定的生活。冯秉序先后担任过市政府金仲华副市长的秘书组长、中国福利会《儿童时代》杂志社的社长、总编辑。1980 年，一位原新文艺出版社人事室的女同志带着两位公安同志找到冯秉序，问他要不要胡风案的平反报告，他回答说“不要了，不要了”。原本就没有罪证，也没有结论，还要什么平反报告？

陈梦熊忠厚讷言，他 1930 年出生，新中国成立后进入海燕书店，然后到了新文艺出版社。他对我说：“那时候，我感觉你父亲对我印象不大好。我只读过几年私塾，既看不了外文书，又不懂古典文学。我决心研究鲁迅，一有空就跑图书馆查资料。偏偏图书馆的作息时间跟社里是一样的，我只好向单位请假去图书馆，请假请多了，影响不大好。1954 年，社里有调干生的名额，便选送我到厦门大学读历史系，读了一年，第二年就开始抓‘胡风分子’了。我被厦门大学关了将近一年，作为受影响的落后群众处理，回来后安排到古典文学出版社工作。”我不理解他这个小青年如何会受到胡风的影响，直到他说起曾经与张中晓、罗洛住在同一间集体宿舍里，方才恍然大悟。王元化托他给福建的朋友带了一本书，也成了“同党”的证据。陈梦熊回到上海，原来的部门不要他了，我父亲将他要到古典文学出版社，后来并入中华书局上海编辑所。我问陈老：“厦门大学的人怎么会知道王元化托你带书的事情？”陈老说：“那是我自己交代的。”哦——真是一位老实人啊！我在陈老家的门厅里看到王元化的题赠条幅：“呕血心事无成败，拔地苍松有远声。”王元化亲切地称他为“梦熊吾小弟”，落款是“清园王元化”，写于 1993 年初冬。

陈梦熊后来是上海社会科学院文学研究所的副研究员，是

**图5** 晚年陈梦熊。周允中摄。

鲁迅研究学会的专家。他写过一篇《回忆李俊民》的文章，追述父亲对他事业上的帮助，为他介绍夏莱蒂、孙石灵等与鲁迅有过来往的故友。他还告诉我，他从旧书摊上淘到一本我父亲1929年写的小说集《跋涉的人们》，送给了我父亲。

## 王元化给我说往事

当我写到"反胡风"这段时，忽然想到，父亲是否会有对不住王元化的地方？于是我决意去问问王元化本人。

2008年2月27日，我斗胆闯进了王元化所住的病房，王老的三姐桂碧清将我引到病床前。我看到的不再是照片上那位神采奕奕的青年学者，而是一位饱受病痛折磨的老人，但他那目光，却是深邃的、睿智的，炯炯有神。我从他的眼神中看不到任何惊奇和疑问，似乎我的到来早在他的意料之中。他轻轻地握了我的手，吃力地说："我看到你的时候，你还小得很……那里还有人吗？"我知道，他在问我吴兴路的家，我也知道，父亲在世时，他是我们家的常客，只不过我上班，很少碰到。

我已经好多年没有看到父亲的朋友了。我站在床前，觉得鼻腔里酸酸的，甚至觉得无论我向老人提出任何问题，都是残酷的，不近人情的。我努力地微笑着，看着老人，老人一边咳嗽，一边等待着我开口。

"我在寻找您的生平材料，但看到的，都比较简单。"

"有一本上海文艺出版社出版的《王元化画传——跨过的岁月》，你可以去看看。"

我问道："在'反胡风运动'中，我父亲对您有什么不好吗？"

"你父亲对我要求很严格，我议论文艺领导，他严厉地批评我。"大概王老也觉得这是套话，浮肿的脸上笑了笑，看得出，他决定实话实说了："你父亲来之前，老社长刘雪苇调走了，临走前，他推荐我做社长，我坚决不同意。我说，应该请一位德高望重的老同志担任社长，后来，就请来了你父亲，他就是属于德高望重的。"王老苦笑了一下。显然，他对父亲是很尊重的，父亲进社时，是他向全体同人介绍说："我们的新社长李俊民，就是当年鲁迅先生表扬过的李守章啊！"

"我原来是要调到'文委'（文化工作委员会）去工作的，还没有来得及调去，'反胡风运动'就开始了。

"整我的是张春桥。1955 年，张春桥做文委书记，叫于寄愚和你父亲两人找我谈话，宣布隔离审查。理由是：我在筹建新文艺出版社时，举荐了张中晓，还出版了胡风的两部书稿。

"我陈述了自己的观点：胡风的问题属于学术问题，不能因为胡风与文艺领导有不同的文艺观点，就将胡风打成反革命。

“张中晓是一个好青年……

“周扬对我也是好的，他说：‘再耐心做做工作，只要王元化承认胡风是反革命，就可以放出来，恢复工作。’因为我不承认胡风是反革命，所以不放我。”我听王老这样说，心里深深地叹了一口气，连周扬讲话都派不了用场，那究竟是怎么一回事呢？

王老停顿了一下，接着说：“我最生气你父亲的一件事，1957 年我被放出来，没有工作，我去看你父亲，他对我说：‘给你一个任务’。我很高兴，好久没有听到这样的话了。”

我插话：“这已经是在‘中华上编’（指中华书局上海编辑所）了吧？”

王老点点头：“他叫我翻译英国人写的《太平天国》，翻译好以后，他叫我换一个名字发表。张可（王老的夫人——笔者注）去问他为什么，他说因为我是‘胡风分子’。我很生气，是他交给我的任务，我花了那么多心血，却不让用我的名字发表。”老人的脸上真真切切地露出了委屈的神情。我问：“后来出版了吗？”“当时就出版了，用的我父亲的名字。这些事你不用写了，我没有跟任何人说过，现在的人不了解当时的情形。这些事也没有影响我与你父亲成为好朋友。你父亲是个好人——”唉，父亲除了实话实说，还能有什么婉转一点的托词呢？

王老讲完后，我说了一句：“您说的这些填补了一段空白。”我看到王老和他姐姐都是赞同的眼神。在已有的王老生平材料中，没有这段事。

我回家后，找到了中华书局上海编辑所的出版书目，其中有：《太平天国革命亲历记》，英国呤唎著，王维周译，1961 年 12 月第一版，1985 年 3 月重版。王元化父亲王芳荃，字维周，曾经是清华大学的英文教授。《太平天国革命亲历记》是关于中

**图 6**　1954 年，王元化一家与满涛（张可的哥哥）于复兴公园合影。左起依次为：王元化、儿子承义、满涛、妻子张可。

国农民起义的极其珍贵的历史文献资料，作者本人就是与太平军并肩作战的国际友人。我记得，有一段时间父亲经常在家里念叨这本书，这是他们单位为纪念太平天国革命 110 周年计划出版的。直到一天，他兴冲冲地捧着刚出版的上下两册，走进家门——

我想，当初父亲与王元化已经不在一个单位了，对王元化“下达任务”，大概是想让他振作起来，同时，也是用一种避免伤害对方自尊心的方式提供经济上的支援。当然，这样说也是因为这本书在父亲心目中确实非常重要。

王元化绝对不会想到，在 1959 年年底，离 1955 年过去四

**图 7** 李俊民。摄于 1977 年。

年多了，自己还会被定为“胡风反革命集团分子”。王元化对马克思主义文艺思想有着自己的理解，他并不完全赞同胡风的理论，就连胡风都把他当作“争取”和“帮助”的对象呢！

“文革”结束后，王元化依然委托父亲所在的上海古籍出版社出版他写的书。他花费多年心血写成的经典著作《文心雕龙创作论》于 1979 年 10 月出版，获得全国首届比较文学图书荣誉奖；反思中国历史的《韩非论稿》《龚自珍思想笔谈》等长篇论文由上海古籍出版社的《中华文史论丛》发表，均为 1978—1979 年间思想解放的先锋之作。1983—1985 年期间，王元化担任过中共上海市委宣传部部长。

父亲在“反胡风运动”中还是帮人说过公道话的。我所看到见诸文字的有孙家晋、包文棣，他们两人也与“胡风分子”相识，是父亲讲“要掌握政策”，帮他们解脱出来的。后来担任译文出版社社长的孙家晋曾署名吴岩发表文章《我眼睛里的李老》（《新民晚报》1995年4月14日），文中说李老已经去世一年多了，李老在世时，他没有当面表示感谢，现在已经来不及了，“但我还是要白纸黑字记下来”：

> 我于5月初至“新文艺”报到，才认识了素昧平生的李俊民社长。可我在外国文学编辑室刚工作了二个月光景，忽然晴天霹雳，上级派人到“新文艺”宣布“反胡风斗争”

**图8** 1981年9月20日，李俊民等与英国国际科技史专家李约瑟博士、鲁桂珍博士合影。一排右起依次为：李俊民、李国豪、鲁桂珍、李约瑟、朱东润、罗竹风。二排右起依次为：包敬第、钱伯城、张孟闻、贺崇寅。三排右起依次为：胡道静、×××、刘德全、×××、谷玉。四排右起依次为：×××、×××、王根林。

开始，在“学习”中也感到愈学习愈糊涂，想不通，再由于有些已受到审查的同志不少是我的老朋友，心中颇为忐忑不安。事过境迁，我才知道李老在这狂风暴雨中悄悄地承担了风险和责任：他说是他亲自跟冶秋同志（王冶秋，国家文物局副局长——笔者注）了解协商后把我调来“新文艺”的，与任何人无涉。但李老自己对我却始终一字不提。这就是李老的为人。只有经过这番风雨的，才能理解李老在这种大气压下为人的可贵之处。

当初我看到这段文字，还以为孙老确实是父亲调过来的，因为父亲在“北方左联”创建之初就与王冶秋共事过。直到最近看到王大象发表的文章《王元化与新文艺出版社》（《上海老年报》2022 年 6 月 18 日），才知道孙家晋真的是王元化通过郑振铎的关系调过来的，难怪，他一到新文艺出版社，就被盯上了。而父亲，为了保护一名并不熟识的青年骨干，担下了一份政治责任。

那么，父亲有没有帮王元化说过话呢？

父亲在 1955 年 9 月发表的那篇《从肃清新文艺出版社内胡风黑帮的斗争中得到的几点体会》文中说，在刘雪苇、王元化主持的初期，只出版了胡风的《从源头到洪流》《和新人物在一起》等几种主要作品，后来才发展到出版各地胡风分子的作品；在自己主持的阶段，也出版了阿垅的《诗是什么》、芦甸的《第二个春天》、冀汸的《这里没有冬天》，以及重印了路翎的短篇小说集《求爱》等。父亲讲，《这里没有冬天》他是看过一遍的，起初竟完全没有看出问题来。父亲检讨对这些书的出版，“我都得负很大的责任”。

文中还说王元化早在1953年就已经和“胡风派”的人“闹翻”了，直至看到《关于胡风反党集团的第二批材料》注解中写的“这个王元化一定有什么不可告人的政治尾巴给抓在胡风们手里，所以他们企图用此恐吓他，使他不敢脱离胡风集团”，方才“恍然大悟”。

所谓王元化与“胡风派”的人“闹翻”一事，罗洛在1989年写的《琐事杂忆——我所认识的胡风》里谈到了这件事。说是1953年新文艺出版社出版了诗人天蓝的《队长骑马去了》（曾在胡风主编的文艺刊物《七月》上发表过），罗洛是责任编辑。有一天，王元化告诉罗洛：华东局宣传部来了电话，说此书有政治原则性错误，必须禁止出版，要销毁。《队长骑马去了》写的是抗日游击队，其中有一段：“今日/我们并不败走，/并不逃跑！/我们是中国的军士啊，/面向着：/纪律与/死！”上边认为把纪律与死对立起来，是对我军纪律的严重歪曲，是政治性错误。罗洛觉得这条理由站不住脚，就说：“我作为责任编辑，有责任作出答复，上海不能发表，我拿到北京去发表。”王元化说：“这是上级党委的意见，你是党员，应该遵守组织原则。”罗洛说：“党员更应该辨明是非，坚持真理。”这两人本来私交很好，竟为此事谈得不欢而散。满涛得知此事后，写信告诉了胡风，于是，胡风于1953年8月17日写信给满涛、元化，做他们的思想工作：

> 现在还是，正是需要点滴斗争的时候，要遵守组织原则，但组织原则是为了保证斗争的。要正视现实，爱惜力量；否则，退一步就得退十步，退十步就非完全成为影子不止。今天正在争取转机之中，不能有一点不必要的伤亡。……

《关于胡风反党集团的第二批材料》对此信的注解说："'组织原则'指胡风反党集团的组织原则。"尽管报纸上略去了王元化的名字，但王元化还是因此跌进了说不清、道不白的无底深渊。

这件事发生在我父亲来上海之前，父亲把它提出来，以说明王元化不是"胡风派"。胡风的另一封信可以提供佐证。1953年10月12日胡风给罗洛、张中晓一信，把王元化划到"争取对象"的行列：

> 我想，怕事，为自己……这就弄到屈服和牺牲别人，但为了向上爬，似乎还不至于。所以，似应从积极的意义上去争取，必要的斗争非做不可，但也是为了争取。尽可能接近，说服，必要时拆穿，但也是为了争取。争取做一些工作，出主意，提意见，耐心地去"帮助"他，也是为了争取。从现在的情况看，当然不能信任，但也不能完全不信任。

本来胡风这封信已经可以证明王元化不是"胡风派"，但"这个王元化一定有什么不可告人的政治尾巴给抓在胡风们手里……"一段话又武断地将王元化踢了进去。父亲讲这段话是《关于胡风反党集团的第二批材料》里的注解，我找到1955年5月24日《人民日报》公布的第二批材料，反复看了几遍，却没有找到这段话……直到后来，我查到1955年6月15日出版的《关于胡风反革命集团的材料汇编》小册子，方才看到了这段添加在原注解后边的话："这里特别值得注意的，是'必要时拆穿'这一句。这个王元化一定有什么不可告人的政治尾巴给抓在胡风们手里……"

## 百花齐放的“新文艺”

“反胡风运动”后有一段时间，新文艺出版社的出版业务受到很大影响。父亲一边从内部挖潜，选拔行政后勤部门的年轻人学做编辑工作，一边向市委宣传部求助，从外单位商调人员加强出版社编辑力量。然后，他从提高编辑人员素质、转变工作作风入手，大力整顿出版社的作译者工作。1956 年 4 月，父亲作工作报告《从作家工作中得到的一点体会》，在报告中，强调了培养作译者新生力量的重要性，并提出了一系列改进措施：抽调干部，每年做一到两次较大规模的外出组稿，借以接触作译者，听取他们的意见，同时也借此机会将出版社的实际情况告诉作译者，使他们了解到“新文艺”是党所领导的事业单位之一，解释存在的误会；外出组稿时必须通过当地领导以及有关的领导部门或团体，争取他们的支持和帮助；要尊重兄弟出版社的组稿范围，但并不等于“人弃我取”，如果组稿对象并不局限于已经冒头、为大家所瞩目的少数新作家，那么，这个阵地是异常广阔的，潜力也无限，那就不会到处发生矛盾和重复，而会得到热情的欢迎。例如，新文艺出版社这次在上海工人业余作者中组织到三十多种稿子，对于所有的上海工人业余写作者，产生了良好的印象；使作译者工作成为出版社的日常工作，建立全国作家和翻译家的人名卡片、与本社有联系的作译者卡片以及作品与译书的卡片，这些工作本社要有专门机构或专人负责；与作译者保持密切的联系，给以切实的帮助，做到对作译者投寄稿件件件有下落，退稿时切忌简单化，应以建议的态度指出作译者努力的方向……

**图 9** 作家、学者谭正璧（1901—1991）。摄于 1961 年。

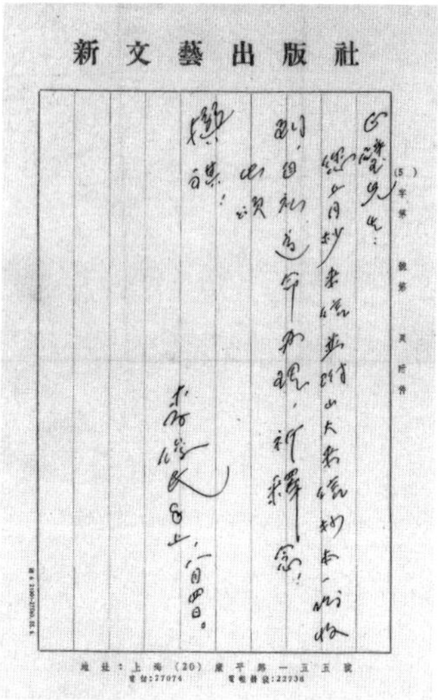


**图 10** 李俊民写给作家谭正璧的回信。谭箎提供。

在这一年里，父亲与副社长蒯斯曛兵分两路，一南一北，率人到各地广泛组稿，蒯斯曛还为新文艺出版社争取到外国文学名著的出版任务。1956 年 6 月，新文艺出版社在锦江俱乐部大张旗鼓地举办社庆，请到市里有关领导，为"新文艺"重树形象。

翻开 1954—1958 年间新文艺出版社的出版书目，真是琳琅满目，堪称辉煌。其中既有世界经典名著，又有国内现代文作；既有文学理论和文学史，又有小说散文和各类戏曲。有马克·吐温、狄更斯、托尔斯泰、泰戈尔、莎士比亚等国外名家的著作，也有巴金、魏金枝、峻青、萧红、胡万春等国内新老作者的作品，《铁道游击队》《地道战》《柳堡的故事》《铁窗烈火》《战斗的青春》等革命小说脍炙人口。还有王西彦、郭绍虞、陈寅恪、谭正璧、夏承焘等著名文史专家的论著。特别是新设立的通俗文艺编辑室，出版了《上海工人文艺创作选集》《民间文艺选辑》《华东地方戏曲丛刊》等群众文艺作品。我小时候印象最深的是那一套几十本、囊括上百篇京剧脚本的《京剧丛刊》，被我当作小人书，一本一本地看过来。如今想起来，更觉得这些历经百余年流传下来的戏曲剧本弥足珍贵！

自从 1954 年中华书局、商务印书馆从上海迁去北京后，上海就没有专门的古籍出版机构了。父亲在新文艺出版社内成立了一个“中国古典文学编辑组”，从此，每天下班，父亲都会夹着一摞书稿回到家中，晚饭后便开始看稿。1956 年 11 月，正式成立古典文学出版社，作为一个社中之社，父亲兼任社长。

父亲筹建古典文学出版社时，花了很大的精力四处网罗人才。他邀请俞鸿模担任副社长，调来了老出版家汪原放、刘哲民、胡道静，古典文学编辑钱伯城、金性尧、鲲西（王勉）、朱金城，还有受到“胡风案”牵连的何满子、梅林、陈梦熊等人；动员自己的好友、南京大学中文系副教授于在春前来加盟；还聘用了社会上的饱学之士担任特约编辑，如谭正璧、瞿蜕园等。父亲对自己搭的班子很满意，认为是人才济济，还得意地说：“我们这个班子，办一个大学中文系是不成问题的。”

记得父亲单位里开春节联欢会，我也跟着去过，看着老先生们你推我让地拉节目，父亲的节目总是压轴戏，唱上一段京剧，不是老生就是青衣。后来，他的同人回忆李社长：“他那和蔼可亲、平易近人、毫无架子的民主作风及大胆信任、放手使用干部的工作态度，更使同志们欣喜不已，故不论党内党外都感到心情舒畅……对推动新文艺出版社工作起到了良好效果。”在“新文艺”总编室工作过一段时间的孙家晋也回忆道：“李老自己毫无架子，对上不亢不卑，唯实而不唯上，对下往往采取商量态度，工作中如果出了差错，他总是主动承担责任，对承办人并不多作指责。”何满子在《跋涉者》一书中写到古典文学出版社：“开展工作以后，俊老大胆放手的领导作风，对新旧文学的内行与把握，都令我折服。俊老的‘用人不疑、疑人不用’的领导风度，使编辑室同人精神振奋，干得有声有色。”在出版工作中，父亲的作风是：出版有质量的作品，既不论学术门派，也不计作者资历背景，因而得到新老作者们的信任和赞扬。

1958年6月，上海出版机构重组，“新文艺”的古典文学出版社与中华书局上海办事处合并成立中华书局上海编辑所，金兆梓先生为主任，父亲为副主任兼总编辑，主持日常工作；陈向平、戚铭渠任副主任兼副总编辑，戚铭渠兼任党支部书记。同时，为组织修订旧《辞海》，成立中华书局辞海编辑所，舒新城先生为主任，父亲为副主任兼总编辑，陈落、严霜为副总编辑。新文艺出版社更名为上海文艺出版社，其外国文艺编辑室划出，成立上海译文出版社。就此，上海新文艺出版社成为出版史上的一段往事。

# 战火中走出来的白衣战士

李俭朴

## 旧笔记里的故事

1989 年，合肥，安徽省军区干休所，一处幽静的红砖小楼，朴素简洁。

这是离休干部、老红军尚程云的家。尚程云已经去世，他的老伴张明光阿姨听我们说了为撰写《二〇八医院志》收集材料的来意，找出一个尚程云 1946 年用过的笔记本。破旧、发黄的纸上，写着潦草的铅笔字，记录了在苏中战役期间，组建华中军区第七后方医院（二〇八医院前身）的情况。其中，记有调入干部的职务及专业技术水平，拟使用单位；有需布置的各项工作要点；有拟定的各单位职责，人员到位后的任务；有给各队分配的物资；有听取各队汇报，缺少的医疗器械，消炎药品，换药敷料；需要补充的马灯、灯油。也记下地方政府送来的门板、草料、布鞋数字等。像一个大管家，从人员思想，到工作、生活所需，事无巨细，上情下达，下情上达，都匆匆写下备忘。透过一页页记录，苏中战役军情如火，第七后方医院边组建边紧张收容的情况跃然纸上。这本旧笔记，把我们带到了战火纷飞的年代。

**图 1** 华中野战军第七后方医院、华东野战军第七野战医院院长尚程云。

1946 年的中国大地，阴云密布。蒋介石撕毁停战协议，从中原和苏北方向，全面进攻解放区，掀起了全国内战。

根据中央指示，华中局紧急备战，将新四军整编为华中野战军兼华中军区。

进犯苏北解放区的国民党军有十二万人，美式装备。华中野战军装备简陋，三万多人，明显处于劣势。即使这样也要坚决反击！华中野战军发起苏中战役势在必行。

发起大规模的战役，离不开强有力的卫勤保障。华中军区卫生部紧急组建两所野战医院和三所后方医院。

7 月，华中军区淮海军分区卫生部长尚程云，奉命组建第七后方医院并任院长。

尚程云，河南伊川县白云乡人。1915 年 11 月出生于贫苦农民家庭，十三岁投军于冯玉祥部队。1931 年随董振堂参加江西宁都起义，加入中国工农红军。1932 年加入共青团，1935 年转为中共党员。经历了中央苏区反“围剿”战役，随红一方面军历尽艰险，参加了二万五千里长征。全面抗战爆发后，随八路军一一五师三四四旅改编为新四军三师十旅，任旅卫生部副部长，四旅军医处主任，华中军区淮海军分区卫生部长。自十六岁加入红军，就没离开医疗卫生岗位，有着丰富的医疗工作领导经验。他迅速带领分区卫生部机关及直属第一医疗所，由江苏沭阳县石桥镇赶往宝应县太仓镇驻地，开始组建工作。

七院尚在组建中，苏中战役已经打响。自7月13日夜，我军发起宣城、泰兴攻坚战，四十八天内，我军在纵横几百里的苏中战场上，连续打了七仗，以伤亡一万六千人的代价，歼敌五万余人。

战斗打响一个小时，伤员就运了下来。经过战场初步包扎处置，大批伤员由民工用担架、小舢板，经陆路、水路送经前线转运站、野战医院，再向后方医院转运。

七院人员还未到位，物资也未补充完成，大批伤员就已经到达驻地。尚程云马上组织各队以室为单位展开收容，要求“一切为收治伤员让路”。病房严重不足，腾出来的老乡住房仍然无法容纳不断涌入的伤员，于是，医院组织老乡打扫出马厩、牛栏，铺上门板、稻草作为病房。他还指挥陆续报到的医务人员，放下背包投入紧张的工作。

马灯彻夜通明，灯油消耗量大增。四个医疗队共八个医疗室的医务人员，夜以继日地治疗护理。大量伤员等待手术，但外科医生奇缺，只有少数医务员能完成截肢、清创手术。尚程云想出办法，以老带新，院长、副院长、医务处主任和各队队长，每人带着几个青年医生，全部上手术台，让年轻医务人员在干中学，在完成救治任务中逐步提高技术。利用仅有的几套破旧的手术器械，歇人不歇器械，最大限度地发挥器械和技术的效能。据当年三队五室室长尤新道同志（曾任吉林省军区后勤部政委）回忆，尚院长带着他们没白没黑地做手术。他当尚院长的手术助手，曾有一个晚上在马灯下完成了七例截肢手术。

全院三百余人，技术力量薄弱，设备器材简陋，青霉素、磺胺等药品奇缺，更别说大量消耗的敷料。当伤员收容到一千七百人时，对未完成组建、人员不齐的七院，已经是巨大压力，而

**图2** 尚程云于1955年被授予上校军衔，获三级八一勋章、二级独立自由勋章、二级解放勋章。

七院最终陆续转来的伤员达到两千五百人。历经多年征战，尚程云知道，这样大量的伤员连续运下来，说明战事非常激烈。医院要从战役的全局出发，伤员来多少收多少，不能向上级叫苦。七院的全部指战员都是新四军老战士，营团级骨干，多数都是老红军。他们带来了敢打硬仗，迎难而上的光荣传统和作风。他向全院发出动员：发扬我军的光荣传统，不怕困难，伤员来多少收多少。物资不足，他提出节约一切用品，保证医疗质量，完成“突击轻伤，抢救重伤，减少残废”的任务。

苏中战役中，华野部队运下来伤员万余人，七个后方医院参与收治，七院就收容了两千五百人。兄弟部队称七院是“大肚子医院”，意为来多少伤病员都容得下。这个称呼，一直伴着七院南征北战，走过了解放战争的岁月。

1947年3月，尚程云参加了华东部队第一届卫生工作会议。粟裕对野战军卫生工作给予高度评价。华东军区卫生部副部长齐仲桓充分肯定了第七后方医院建院之初就大量收容，从不叫苦的顽强战斗作风。

苏中战役，立院之战，尚程云一手组建了七院。

## 夜　渡

1947 年年初开始，尚程云带领华野第七野战医院（原第七后方医院）经历了宿北、鲁南、莱芜、孟良崮、沙土集一系列战役收容。7 月 7 日，尚程云参加了华野卫生部在山东临朐召开的第二届卫生工作会议。

1948 年 5 月，中原大地正值盛夏，一个月没有下雨，干旱难耐。

**图 3**　华东野战军第二次卫生工作会议代表合影。前排左七为华野第七野战医院院长尚程云。这次会议传达华野前委会议精神，对战伤救护提出要求。摄于 1947 年 7 月，山东临朐暖水河。

华野各纵队在河北进入整训。第七野战医院在河北清丰一带整训，不仅进行土改学习和新式整军运动，尚程云还组织进行石膏绷带疗法、清创手术等医疗基础技术训练。经过休整训练，部队士气高昂，技术水平有了明显提高。

此时的中原战场，中央军委正构画一幅足以影响解放战争全局的宏大蓝图。

这个战略构想极具远见。谁都没有料到的是，“草鞋没样，边打边像”。中原战场的仗，滚雪球般越打越大，逐渐演变成淮海战役，大大加快了全国解放的步伐。这是后话。

中央军委根据这个构想，交给粟裕的任务是，当年“歼敌十一二个旅”，共十万敌军。这个数字与华野兵力相当。粟裕感到“压力山大”。觉得这次是向中央立了军令状的，一定要把仗打好。

我军想打，敌军更想打。豫东战役，已经箭在弦上。

无论兵力和装备，华野均不占优势。敌军来势汹汹，集中快速纵队和大兵团，到处寻机与我军决战。粟裕决心，调动敌军，拖垮敌军，寻机歼敌。

1948 年 5 月月底，华野三纵、八纵往淮阳运动，敌军立即扑过去，妄图南北夹击，消灭我军。粟裕趁黄河南岸敌守备空虚，率四个纵队两天南渡黄河，到达山东菏泽一带，进入中原战场。

战场形势瞬息万变，敌我强弱态势不停地变换着。粟裕根据敌情我情，时而按下“急停”键，时而按下“快进”键。道道命令，从华野司令部这一神经中枢发出，传导到每个纵队，再层层下发直属后勤部队。我军通信手段落后，使用电报、电话十分有限。行动命令到野战医院这一级，已经是神经末梢。待骑兵通信员和徒步通信员送到命令，主力部队早已开始转移了。

此时华野卫生部机关率直属医院和一、二、三、四野战医院，已经随主力南渡黄河，在运城以南展开。

野七院同属华野四兵团卫生部和华野卫生部前方卫生部指挥。指挥系统的重叠，影响了命令下达的速度。无从考证野七院什么时候接到的上级命令，但可以肯定的是，命令内容十分明确：立即转移，南渡黄河，到通许西北的高庄一带展开待机，配合三纵、八纵的战场收容。卫生部根据这个命令绘制的战役卫勤保障地图，至今仍保存在指挥机关档案里。然而，实际情况却完全不同。经历过豫东战役的野七院老人，看了地图，无一例外地摇头，语气肯定地说，未驻过此地。他们讲述了档案当中没有记载的，发生在转移途中的一件重要事件。

此时的野七院，是一个正团级的大摊子。院部辖二十五、二十六、二十七三个医疗队和手术队；全院编有指战员 869 人。另编配军工 105 人；配属担架团民工 1000 余人，担架 540 副，骡马 50 匹。军军民民，男男女女，2000 余人马，仅配备了部分自卫武器（直到一年后渡江战役，医院才配备有 100 余支步枪、2 挺机枪和几十支手枪）。大量收容时，要分散在方圆几十里甚至上百里的村庄。医院收拢行动起来，远不及作战部队迅速。6 月初，野七院紧赶慢赶，到了黄河边渡口。主力部队早已渡过黄河多日。

此时敌情骤变。敌军发现我军主力渡河后，十一个整编师立即北上集中，寻求在鲁西南与我决战。第五军返身封锁了黄河沿岸地区。这一切，行军途中的野七院一无所知。

月黑风高。野七院趁着夜暗，组织大规模渡河。黄河水滔滔奔腾，湍流汹涌，泛着点点粼光。河水的喧嚣声传出几里地，压住了人马的喧闹。载着人马、物资的羊皮筏和小船，不停地

**图 4** 1948 年，尚程云与三个孩子合影。尚海生供图。

往来于宽阔的河面。至午夜，总算两千余人马全部渡过了黄河。

待准备继续向鄄城方向急行军，打前站的警卫排战士跑回来报告："前方发现敌人！"

问题严重了。敌人已经占领鄄城，行军道路被截断。面对这一突然变化的敌情，七院进退两难。战场态势无法预料，与上级失去联系，没有掩护，只能独立自主地作出决断。党委书记、院长尚程云马上召集党委扩大会，把面临的敌情通报大家。行军路线被截断，下一步怎么办？

会议中，大家争论激烈，七嘴八舌。

有的说，行军路线、目的地都是上级定好的。有什么困难也得走。"一切行动听指挥嘛！"

有的说，附近没有主力部队的掩护，我们仅有的自卫人枪，根本无法与全副美械的敌军对抗。一旦正面遭遇，前有强敌，后有黄河，打不过，跑不掉，会被“包饺子”。

有的说，军令如山。不按命令行军，是战场抗命，军中大忌，要执行战场纪律，否则会杀头的。

副院长杨铭力主原路返回。

时间一分一秒地过去，容不得争论不休。一旦天亮，被敌人发现，就脱不了身了。

尚程云身经百战，遇事沉着果断，处变不惊。

他力排众议，一锤定音：“一切以实际情况为要。上级交给我们的任务是展开收容，保证战伤收容是第一位的。要保存我们的战斗力，避免不必要的损失。战场情况多变，我们也要随机应变。这不是战场抗命，而是机动灵活。全院马上原路返回。

**图 5** 尚程云（左二）与战友合影。摄于 1950 年。

改变行军路线由我负责任。”

一道令下，各队人马重新登船，上皮筏，不停地运往北岸。夏天夜短。东方刚透出一抹鱼肚白，七院的最后一船人马已经登上北岸。

对于这次野七院党委面对敌情变化，当机立断，机警地改变行军路线的作用，怎么评价都不为过。一夜急行军，两次渡黄河，看似寸步未移，却避开了一次重大失误，改变了医院的命运，保住了在豫东战役中收容四分之一伤员的战斗力。

战后得知，此次战役在敌占区展开，敌我犬牙交错，主力部队高度机动，随行的野战医院始终处于敌军威胁下，无法正常收容。一个兄弟医院刚展开，迎面遇敌，被敌军发起攻击，仓促撤退。虽然人员撤出了，但丢失了药品医疗设备，丧失了收容能力。另两所野战医院，急行军遭遇敌军，紧急撤离，丢失了部分医药物资。这些医院都是在主力部队掩护下脱离险境的。如果没有主力部队掩护，后果不堪设想。甚至一些部队撤离时来不及周密组织，没有运走全部伤员，致使部分伤员被俘。

野七院折返后，按照华野办事处安排，在山东范县和河北长垣、河南滑县一带，重新准备展开收容。

6月17日凌晨，我军进攻开封的战斗打响。“土八路”敢攻坚，出乎敌军意料，守军大乱。四天后，开封解放。敌邱清泉兵团和区寿年兵团，分两路包围开封，企图迫使我军主力在开封地区决战。26日，我军迅速撤离开封。第二天，邱清泉进入开封。

29日晨，我军包围区寿年兵团，邱清泉受命增援。这两个兵团都是国民党军精锐，难啃的硬骨头。无论攻坚还是打援，我军付出了巨大代价，打得十分艰难。7月1日，总攻开始，区兵团大势已去，区寿年被俘。

华野正欲撤离战场，意外发生了：增援的黄百韬二十五师突破了中原野战军十一纵阻击，眼看咬住华野了。粟裕命令，各部队围住二十五师，发起进攻。但是各纵队疲劳极了，伤亡又大，战斗力大减，已经不能实现作战目标。几路敌人马上合围，粟裕下令撤兵。历时二十天的豫东战役结束。

这场被粟裕称作“最复杂，最剧烈，最艰苦”的战役，国民党军参战达二十五万人，我军参战二十万人，歼敌九万四千人，自身伤亡三万两千余人。

战役发起突然，战斗激烈。短时间大量伤员由转运站转送到野七院。野七院以高昂的工作热情，接受繁重的收治工作。尚程云主持党委会通过决议，号召全体人员“一切为伤员”，“前方杀敌立功，后方收治立功”，每天通报前线的胜利消息，鼓舞斗志；开展“记好评功活动”，“人人争立功，处处争立功”。做好事，班务会评“好”，队里院里上“记好榜”。“好”积累多了，就可以评功。各个医务班、通信班，都和民工一起抬担架。带着伤员，边治疗，边转移。7月16日，连夜出发，从长垣北移濮阳。

记的“好”，很多是星星点点的小事。室内闷热难耐，重伤员又动不了。照护员把床单挂在房梁上，来回抖动，扇起微风。驻地是冀鲁豫军区三分区的游击区，物资供应困难。伤员大批转运来，日用品一时短缺。一个十五岁的照护员，看到伤员大便缺少手纸，用草叶代替，他就到处捡烟盒，捋平整，先做习字用，再送给伤员解决“内急”，受到伤员欢迎。全班为他记了个“好”。

天气炎热。送来的伤员散发着臭味，有的伤员伤口已经生蛆。

**图 6** 尚程云与妻子张明光（1941 年入伍，当年入党的新四军老兵。2021 年度过百岁生日）于 1966 年合影。尚海生供图。

各医疗队搭起大棚在室外收容，仅二十六队三室即收容了 670 个伤员。几百人需要尽快换药，伤员的喊声此起彼伏。仅有十几个医务人员，尤其是缺少照护员，忙不过来。院部助理员王云率领通信排三班 11 名同志，到二十六队三室协助照护工作。他不顾自己伤残的身体，带头服侍重伤员。通信班长王德胜，为伤员冲洗伤口的蛆，逐个换药。他说，看到蛆在伤员身上爬，心里很难受。回想自己负伤时，别人待我像亲兄弟，我也要这样对待战友。

7 月 20 日，院长尚程云签署表彰通报，给予通信排三班记集体二等功。通报中说，这些同志“在 16 天工作中，亲切，仔细，刻苦耐劳，高度发扬了爱伤立功的精神，使伤员们精神得到很大安慰，愉快安心养伤”。

**图 7**　尚程云在学习。1966 年摄于合肥。尚海生提供。

据统计，此次战役华野 6 个一线医院，共收治 21118 名伤员，野七院收治 5362 名，占四分之一。

一位老同志说过，经历过长征的老红军，都有一种独特的气质，一种不把任何困难放在眼里，一往无前的气概。领导野七院完成收容治疗任务的带头人，被称为“拼命三郎”的院长尚程云，哪里忙哪里有他的身影，既没立功也没记“好”。手术做不过来，尚程云带见习医务员，连续手术几天几夜，工作过度疲劳，因手部感染，高烧累倒。待退烧后，一只眼睛失明了。

他的儿子尚海生介绍，尚程云始终认为自己是普通一兵，十分低调，从不说自己的往事。经历了惊心动魄的宁都起义，九死一生的长征，他看得云淡风轻，“大家都是那样过来的”。眼睛失明了，同志们让他领残疾证，也一直不领。

# 陈梦熊与我父子两代的友谊

周允中

陈梦熊（1930—2016），笔名熊融，现代文学研究专家，鲁迅研究专家，上海作家协会会员，上海社会科学院文学研究所副研究员，孤岛文学组组长。

## 一

新中国成立之初，陈梦熊出任上海新文艺出版社助理编辑。1954年，他响应国家号召，以调干生的身份，考入厦门大学。离沪之前，他委托出版社俞鸿模副社长、耿庸编审写了几封介绍信给当时厦门大学的老朋友予以照顾。1955年全国开展了“反胡风集团”的运动。厦大党委要求，凡是持有的“胡风分子”的信件，必须交出来。于是，陈梦熊将与耿庸来往的几封信，交给了学校。不料，过了几天，全校召开大会，在会上宣布陈是“胡风反革命集团分子”，当场被校警押出会场，隔离审查。后又转入厦门市公安局被正式批捕，关押了近一年之久。在查无实据的情况下，释放了他，但停止了他的学业，将他送回上海了事。

**图 1** 晚年的陈梦熊

后来经过多次申诉，再加上上海市出版局党委的干预，厦门大学才给予了初步的平反。但是，依旧在他的档案材料上，作出“受有胡风反动思想较深的落后群众”的结论，受到内部控制使用。

直到“四人帮”被粉碎，胡风当选为全国政协委员后，陈梦熊作为内控对象的重负才算彻底解除。1991 年，听说国务院有文件，凡是过去遭受冤假错案的大学生，平反以后，可以补发文凭，他去信厦门大学，才领到了迟到近四十年的大学文凭。

而此时，陈梦熊已经光荣退休了。

## 二

“文革”时期，陈梦熊曾因跳入新闻出版系统干校在奉贤的大粪坑自杀而出名。其原因是他收集了许多不同版本的《毛泽东选集》，进行勘对，找出不同点，提高编辑驾驭文字和思想的能力。如《纪念白求恩》，老版本是《学习白求恩》。《在延安文艺座谈会上的讲话》之中对优秀的文学遗产，老版本只有“继承”，通行本上改为“批判继承”，但这种研究在当时，就成了破坏《毛选》的罪行。

在《毛选》第二卷《上海太原失陷以后抗日战争的形势和任务》中，注释引用了《论联合政府》的文章，原来是“希望失败了”，后来改为“希望落空了”，于是，他写信给中央毛选出版委员会，提出意见，希望文字能够一致。这样一来，引起了造反派的注意，对他的藏书进行搜抄，结果发现他在《毛选》里面，留有涂改、添加的文字，于是，立即召开大会，宣布他是破坏毛主席著作的“现行反革命”。他跳入粪坑，寻求自尽，幸而被抢救出来。

## 三

陈梦熊是一位热心藏书的人，尤其是现代文学的书报期刊，他都设法搜罗，但也经历了三聚三散的命运。

他念初中的时候，常常在马路上淘旧书，日积月累竟然也达近万册。不料读大学期间，他的一位冯姓朋友，在“反胡风”

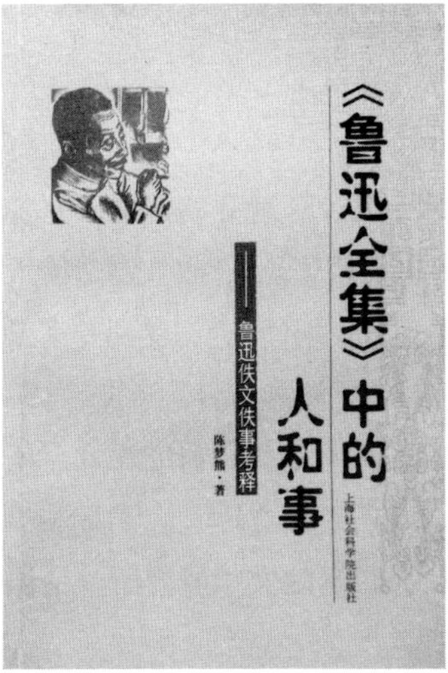


图2 陈梦熊著作

图3 陈梦熊著作

期间，怕株连自己，告诉校方，将陈的藏书全部抄走，包括陈多年收藏的各种鲁迅研究资料。

“文革”中，因为被打成“现行反革命”，书籍全部被抄走，后来发还的时候，只剩一部分，大多数被人窃去，有的被人卖给了上海旧书店。

第三次，是一批附近的中学生，知道陈的藏书极为丰富。于是，这些中学生就商量布置了一个缜密的计划，在陈梦熊去干校的日子，趁陈的妻子下楼洗衣服，一部分人上去搭讪分散她的注意力，一部分人偷偷溜进他家偷窃，等到陈妻回屋才发现大批书籍被偷走了。后来经过报警调查，学校老师的耐心教育，学生们承认了错误，虽然陆续返还了一些书籍，但也流失了不少。实在令人痛心！

## 四

陈梦熊在20世纪40年代，才十几岁，就开始搜集研究鲁迅及其著作，自编了油印本的《鲁迅书目著录》，将它赠送给了当时坐落在上海虹口武进路的“鲁迅著作编译社”，受到专家王士菁的赞赏。后来，王士菁将他推荐给了海燕书店，当校对。

此后，他益发精心专研，发表了大量的鲁迅研究文章，还结集出版了《〈鲁迅全集〉中的人和事》（图2）。

“文革”结束，他调入上海社会科学院文学研究所，结识

**图4** 1964年，在松江佘山春游时合影。左为周楞伽，中为陈梦熊，右为编辑徐稷香。

**图5** 笔者与陈梦熊合影。

交往了大量的作家和名人，发表了诸多现代文学奥秘，被钱锺书先生喜称为“擅长发掘文墓和揭开文幕”，后来他将所有这些文章结集出版，干脆将书名取为《文幕与文墓》（图3）。

## 五

20世纪80年代开始，陈梦熊着手整理编辑《上海抗战文学丛书》和《孤岛文学作品选》。尤其是《上海孤岛文学回忆录》一书的编辑整理，使他更广范围地结识文学前辈。通过与这些文学史上的名家的通信，不仅使他掌握了众多错综复杂的文学史料，而且经过他的一番剔削爬梳，发表了为数可观的文章。尤其可贵的是，留下了与这些名人来往的众多书信手迹。

抱着学习和鉴赏的心情，我曾目睹了陈先生的珍藏。据粗

**图6** 陈梦熊夫妇

略的估计，与陈梦熊先生有书信往来的名人近百人。如今，他保存着的有：周作人的手札十一通，郭沫若的亲笔手书若干，茅盾的书法题诗手迹，赵景深的部分日记，丰子恺的书信和漫画，吴伯箫的旧体诗条幅，顾廷龙的篆书条幅。另外，有与汪静之、戈宝权、孙用、赵家璧、黄源、李俊民、萧乾、王元化、施蛰存、柯灵、钱君匋、金性尧、周黎庵、周楞伽、范泉、沈寂等文人的往来手迹。尤其是与李俊民、于在春的通信，帮助我们了解和弄清楚了江上青当年与顾民元等人创办《写作与阅读》杂志的经过。

陈先生曾给我看过一只精致的锦匣，内藏茅盾端庄有力的手迹和钱锺书娟秀玲珑的书法，这些手迹和信封都放在透明的塑料袋里，加上内衬，显得十分的精致和可爱。

## 六

我最早知道陈梦熊，是在 1957 年，当时，他和我父亲周楞伽一起供职中华书局上海编辑所，常常在一起聊天，叙谈当年文坛往事，其间他赠送我父亲 1941 年 5 月出版的《沉沦》一书，并且盖上了他的红色印章和手书墨迹。1964 年，单位组织春游松江佘山，留下了一张当年的合影（图 4），殊为珍贵。

我和陈梦熊先生交往起于 2001 年，当时我整理了一本父亲的文坛回忆录，交由黑龙江人民出版社出版，取名《伤逝与谈往》，曾经登门送往他在梅陇的寓宅（此寓宅系王元化任市委宣传部部长时期分配给他的）。当时他刚刚再婚，于是便留下了他和我的合影（图 5），以及他和新婚妻子的合影（图 6）。

陈梦熊先生已经驾鹤西去，谨以此文，作为悼念吧！

旧事重温

# 记忆中的广西路3号

张晓明

1960年，我刚满六周岁。

这年10月，父亲张敬焘由上海市委副秘书长调任青岛市委第一书记（后兼市长），主要任务是纠正前任市委第一书记制造的多起冤假错案，同时肩负着带领百万青岛市民尽快扭转工农业生产颓势的使命。

初冬，妈妈带着我们姊妹兄弟四人从上海来到了青岛。

记得到青岛时已近黄昏，市委张心语副秘书长去火车站接的我们一家。新家的地址是广西路3号。

广西路3号坐落于江苏路与广西路交会处的西北角。因日照路从东南方向斜插至西北端，广西路3号被切成了一个三角地带，楼宇建造在西侧，东边是一个三角形的花园。花园里绿草茵茵，周边种满了粗壮的国槐树。院墙是美式风格的矮墙，不过一米三四高，石柱之间用的是绿色方格木做成的围挡，从外向里看，一览无遗。

从广西路南侧看这幢西式别墅，虽然外表并不怎么华丽，也没有过多的艺术造型，但掩映在绿树中间的柠黄色外墙戴着红瓦的帽子也煞是好看。楼体墙面以水泥涂敷，显得沉稳而厚重。

**图 1** 父亲与我们在广西路 3 号合影。

据小学同学的女儿（她供职青岛市城市规划院，曾参与过保护青岛著名历史建筑的工作）介绍，这幢别墅建造于 20 世纪 30 年代，占地一亩多，是青岛圣弥厄教堂德籍主教维昌禄的公馆。维昌禄是筹资建造青岛浙江路天主教堂的功臣，他的墓穴就在教堂的西花园里。50 年代初，时任青岛市委第一书记的王少庸在这里住过。1955 年受“向明反党宗派集团”的牵连，王被打成“反党分子”，遭撤职查办达七年之久，1962 年平反后调到上海，担任华东局宣传部副部长。

广西路 3 号的院门分行车门和行人门。房子的入户门朝南，面向大海。推开入户门，是一个换衣换鞋的门廊，大约四五平方米。进二道门后，就是宽敞的大厅和通往二楼的拐角式楼梯。房子一层二层的房间布局几乎是一样的，各为三间，可能那时的我太小，感觉每个房间都超级大。一楼的三间房子朝南、朝东各一间，还有一间客厅既朝南也朝东。客厅南边是花岗岩砌成的大阳台，向东是一间半圆形的花房，花房窗户采用的是意大利文艺复兴时期兴起的彩色玻璃。朝南的房子是一间乒乓球室，朝东的一间是随父亲一同来青岛的姬秘书和警卫员小李叔叔住的。房子的西边是一字排开的卫生间、餐厅和厨房。卫生间每层一个，都是干湿分离的，所有房间都是有窗户的，而且采光极好。房子的最西边是一间车库和锅炉房。

二楼的三间房子一间是父母住的，一间是客厅兼书房，这

**图 2** 1962 年，母亲于波和我们在青岛鲁迅公园的留影。戴大红花的孩子是笔者。

间的东边是一个半圆形的大阳台，也就是楼下半圆形花房的顶端。站在阳台上，可以眺望美丽的小青岛和前海沿，安静的时候还可以听到海浪撞击太平路沿岸防护坝的声音。

我们四个孩子和娘娘住在另一间向东的房间里，娘娘是当年从山东带到上海的阿姨，又从上海带到青岛来的，上海人将女性长辈统称为“孃孃”，到了山东入乡随俗，自然就改成了“娘娘”。

初到青岛，最难忍受的就是吃饭了。时值“三年困难时期”，青岛和上海的饭食简直是天壤之别。在上海记忆最深的就是大饼油条，烤至金黄色的大饼撒落着香喷喷的芝麻粒，包裹着酥脆的油条，闻着就垂涎三尺，可到了青岛却是上顿玉米饼子，下顿地瓜面窝头，实在是难以下咽。哥哥姐姐上小学了，懂些事了，爸爸给他们做做工作也就勉强吃了，我和弟弟还小不懂事就拒绝吃饭，因为饭不好吃，我和弟弟一个劲地央求妈妈：“这里不好，我们还是回上海吧！”面对着两个不懂事的孩子，我妈妈也只能暗自苦笑。

妈妈为了给我们四个孩子增加点营养，每周每人奖励半包青岛名特产钙奶饼干。记得有一次，我用茶杯把饼干全泡了，觉得这样好吃，想泡在杯子里分几天吃掉，后被娘娘发现：“快解解馋一顿吃了吧，泡在杯子里会馊掉的。”

到青岛后的第二年我就要上小学了，1961 年 8 月初娘娘带着我，拿着户口本高高兴兴地去江苏路小学报名。可学校只收 8 月 21 日以前出生的，而我是 8 月 23 日出生的，好说歹说，校方就是不收，让明年再来报名。看着和我一起从上海来的牛牛报上名后得意的样子（他就是 8 月 21 日的生日），我一肚子火，回家躺在地上就发脾气，非要上学不可。那时真的不时兴走后门，一切按章程办，甭管你是什么背景，也没有托关系送礼一说。

那时我父亲虽然是市委第一书记，但我家也没受到任何的特殊照顾，地瓜叶子、槐花玉米糕是家常便饭，最困难的时候连喂猪的酒糟也吃过。我姥姥那时六十几岁，为了省点好吃的给我们四个孩子，经常不吃或少吃饭，长期的营养不良导致了肝硬化，后合并严重腹水而去世。姥姥是个慈眉善目的胶东老人，她最骄傲的一件事就是姥爷曾去过莫斯科，还见过列宁。我好奇地问姥姥：姥爷去莫斯科干吗？她说姥爷做得一手好豆腐，听说卖豆腐在苏联可以挣大钱，就舍家撇业去了莫斯科，卖了三年豆腐挣了些钱，回黄县（今龙口）老家盖了新房，还买了三十亩梨园，从此改善了一家的境遇，送我大姨和妈妈上了学堂。民国初期就具有这种远见和胆识，姥爷也着实让人佩服。不过这三十亩梨园和一幢新房并没有给我妈妈带来好运，“文革”时造反派就此要打我妈妈为“地富分子”，其实土改时我姥爷家定的成分是富裕中农，三十亩地早就上交大队了，我大姨和我妈妈先后离家出来参加了工作，房子也就给了亲戚。

有一次我和姥姥在院子里摘槐花，墙外有几个十几岁大的男孩也来帮着摘。那时槐花可是上乘的果腹食品，孩子们来帮忙摘，也是想要一些回去吃。谁知，他们刚摘了一小筐槐花，竿子“啪”地一声断了，几个孩子吓得跳下墙头就跑。姥姥见状，大声呼喊着：“别怕，孩子，先把这筐槐花拿回去吃吧！”那个年代的孩子也真是老实，弄折了一根竿子就以为做错了多大的事，一溜烟儿就跑没影了。

当然周围也不全是好孩子。广西路3号附近有个外号叫“大眼”的孩子，比我大几岁，是个降班生，块头也大我一圈，经常在去江苏路小学的路上拦截我、威胁我，今天跟我要支铅笔，

**图3** 兄妹四人在广西路3号南向大阳台上的留影。从左至右依次为：张晓东、张晓红、张晓明、张晓光。

明天又跟我讨块橡皮，到后来发展到跟我要钱，五分、一毛地要。开始我害怕，不敢和大人说，后来实在没办法了才告诉了我妈妈。我妈找到“大眼”，和他谈过后，“大眼”就再也没有欺负我。现在“大眼”也该七十多岁了，不知他还记不记得这段时光，也不知他以后的人生轨迹是怎样的。

“三年困难时期”，青岛人民的生活也是很艰苦的，地瓜干卖到七元一斤，那时普通职工的平均月收入只有四十四元，这点钱养活一家人是何等不易！现在的年轻人可能诧异了，四十几元钱还买不了十斤地瓜干，怎么够吃呢？须知那个年代是计划经济，国家是根据人们不同的年龄和劳动强度供应定量的粮食，一般是每人每月二十五斤左右，小孩子更少一些，这个定

**图 4** 1962 年，笔者在广西路 3 号二楼半圆形阳台上留影。

量要用粮本才能购买，所以那时候粮本和钱包同样重要。粮本上计划内的粮食是不太贵的，每斤地瓜干大概也就一毛多钱，可是那个年代没肉没油的，吃的清汤寡水，靠定量粮食根本填不饱肚子。这就催生了议价粮食的买卖，类似于现在的市场交易，随行就市，货物紧俏时价格自然就水涨船高，周瑜打黄盖——愿打愿挨。可那时的老百姓兜里又没钱，没有多少家庭舍得花高价买议价粮食，吃不饱多半也只能干饿着。据父亲讲，那时中央曾召开救灾会议，周总理点名让江西省支援山东省三千万斤大米，尽管江西老表也很难，但主管江西省农业的刘俊秀书记表态勒紧裤腰带也要帮助兄弟省。刘俊秀书记是参加过长征的老红军，不追浮夸风，扎扎实实地在江西兴修水利、大搞农田基本建设，把江西省的农业搞得风生水起，连毛主席都称赞他是农业专家。“三年困难时期”国家从江西省调出的粮食总量达三亿斤，毛主席、周总理都说刘俊秀是个识大体顾大局的好同志。那个年代来自江西省的粮食援助，不知道帮助了多少山东人。

当时的山东省委第一书记谭启龙也是江西人，他难忘江西人民的大恩大德，1965年夏天特别邀请江西省委第一书记杨尚奎来青岛疗养。谭书记专门打电话给我父亲，让他清晨五点前赶到大港码头迎接杨书记一家。父亲安排他们在山海关路5号住了一个多月。上海市委书记处书记王一平是父亲的老战友，也亲自带着上海产的汽车、纺织设备等工业制成品支援青岛，帮助青岛市解决了很大的困难。1983年父亲从山东省副省长任上退居二线后，还专程去上海和南昌看望了这些老领导和老同志，对当年给予山东省的无私援助，再一次向他们表示了衷心的感谢。

广西路3号对面是北海舰队直属政治部的军营，每天看到戴着飘带海军帽、穿着水兵服的战士们出出进进，很是羡慕，特别是每个周六的晚上，军营里都要放映露天电影，从我家二楼的阳台上就能看得到，但毕竟离得太远，看不太清楚也听不太清楚。有一天听说军营要放映新电影《51号兵站》，我和弟弟就跑到门口哨兵处，和哨兵叔叔说想进去看电影，哨兵叔叔看我们俩是小孩，又是对面邻居，就很客气地让我们进去了，可看完电影回家时大门已锁了，进不了家门。我俩又返回了军营，有个班长叔叔热情地把我俩拉进他们的房间里。房间很大，双层床住十几个人，我俩一人和一个战士躺在一张床上正准备睡觉，我家娘娘和警卫员小李叔叔就找来了，娘娘和战士们絮絮叨叨地说这俩孩子真不听话，晚上出来也不和家里说一声，害得到处找。我心里却暗自得意：要是和你们说了，我俩就出不来了。

小学三年级始，学校要求在暑假期间成立课外学习小组，班主任司老师首先想到我：张晓明你家房子大，就在你家办个学习小组吧。我毫不犹豫地答应了下来，可回头一想，这事还没和爸妈商量呢，回到家怀着忐忑的心情问了妈妈，没想到妈妈非常支持，还在花房里为我们安了一张小桌子，便于我们四个同学做作业。我记得是靠近广西路住的几个同学到我家来，有广西路的张洪昌、平原路的王善君，还有一个是谁记不起来了。司老师有一次和我说，你爸爸在大会上讲话总把揪（jiū）念成秋（qiū），请你爸爸纠正一下，回家后我就把老师的意见告诉了爸爸，爸爸笑了笑说，认真接受你们老师的意见，改正。父亲在青岛市民中的印象一直是个没有官架子的好干部，谦虚和蔼，平易近人。今日头条平台上曾刊载了一篇评价自民国起任职青岛的二十几位市长的文章，有一个八〇后的年轻人跟帖说："我爷爷说沈鸿烈好，我爸爸说张敬焘好，我们八〇后都说俞正声好。"这个说法虽有些夸张，但多少反映了青岛老少三代市民的心声。

那时弟弟还小，我和哥哥姐姐经常在院子里玩跑圈比赛，用闹钟计时，围院子跑一圈一般是30秒钟，只多不少，很难突破。有一次我投机取巧，跑到后院当哥姐看不见时少跑了一小段路，回来时达到了28秒，哥哥姐姐直夸我跑得快。而自己心知是做了假的，感到十分愧疚，便主动做了自我批评。从此再也不敢说假话了，这种品行一直陪伴我长大成人。

父亲总觉得住这么大的房子太浪费了，有些脱离群众，就想换个小一点的房子住。市委办公室的同志推荐了金口一路42号和44号两幢房子让挑选，我妈妈看过后，感觉金口一路42

号还马马虎虎，因44号比现在的房子还大，岂不是更浪费了。金口一路44号是国民党四大家族之一宋子文在青岛建造的公馆，依山傍海，非常奢华。“文革”时，青岛市革委会主任杨某某住进了金口一路44号，且重新装修了，和夫人出出进进的，好不神气。杨某某倒台后，44号被青岛市民砸了个稀里哗啦，我也曾去看过，那么好的房子，顷刻间变得千疮百孔。后来，42号那栋房子我们家也没有搬去住。正巧当时的市委书记处书记王卓青调往江西省工作，空出了沂水路14号楼的第三层，父亲感觉一层楼大小正合适，我们家就此搬到了沂水路14号的三楼上。

离开了广西路3号以后，就很少再去那个院子了。1970年，我们家离开了青岛。80年代，有一次回青岛时发现广西路3号已经挂上青岛市衡器检验所的牌子，变成办公室了。2000年后再回青岛时，里面变成了职工宿舍，据说住了十几家，连车库和锅炉房都住上人了。房子看上去已不成样子了。

后来再去，院子里的绿植都被铲平了，偌大的院子变成了停车场，足足可以停下十几辆汽车。这么好的历史建筑已失去它本来的面貌，儿时的美好回忆也消失在一片杂乱当中。离开时，心里五味杂陈，真不知是个什么滋味。

# 1956年：五省区青年造林大会

毕醒世

1956年3月，青年团（全称中国新民主主义青年团）中央、林业部、黄河水利委员会在延安召开了五省区青年造林大会。

这次大会是新中国成立以来，在延安乃至整个陕西召开的最高规格的一次全国性会议。这次大会对于全国开展群众性植树造林运动，起到了积极的推动作用。可以说，这次大会也是中国造林史上具有里程碑意义的盛会。

对于这次大会的报道，当时的《延安报》先后刊发文字和图片稿件数十篇（幅），全面展示了大会的内容，新华社以及全国许多报刊也相继进行了报道。《人民日报》3月2日发表了《青年们，努力绿化祖国》的社论，《中国青年报》3月1日、3月13日分别发表了《个个动手，植树造林》《我们一定说到做到》两篇社论，中国青年出版社集结了大会发言、大会文件，出版了《活跃在绿化祖国战线上的青年》《把绿化祖国的任务担当起来》两本书。

## 背　景

近代以来，连年战乱，生态环境遭到很大的破坏，大面积森林植被被毁。为改变这一状况，1955 年，毛泽东向全国发出在十二年内绿化祖国的号召。随后，中共中央在《1956 年到1967 年全国农业发展纲要（草案）》中提出：从 1956 年开始，在十二年内，绿化一切可能绿化的荒地荒山，从而实现绿化祖国的伟大目标。

青年团为响应毛泽东的号召和落实全国农业发展纲要，在制定的《中国青年为实现 1956 年到 1967 年全国农业发展纲要的奋斗纲领（草案）》指出：全国青少年是绿化祖国最积极最活跃的力量。为确保在十二年内绿化一切可能绿化的荒山、荒地和所有的城市、农村，专门提出每年 4 月 1 日和 11 月 1 日为全国青少年植树造林日，城市和农村的团组织，都应当在这两天组织广大青少年进行植树造林活动。

1955 年 10 月 26 日，青年团中央作出“关于召开陕西、甘肃、山西、内蒙古、河南五省（自治区）青年造林大会的决定”。

**图 1** 五省区青年造林大会会场——延安大礼堂外景。

**图2** 大会主席张曙光代表主席团致开幕词。

陕西、甘肃、山西、内蒙古、河南地处黄河中游地区，土质松散、树木稀少、水土流失十分严重，黄河的大量泥沙几乎十分之九是从这里来的。因此在这个地区开展群众性的造林运动，对保持水土，减少黄河的泥沙，增加农业、林业和畜牧业的生产有着决定性的作用。在召开这个大会的决定中规定，除陕西、甘肃、山西、内蒙古、河南五省区派出代表出席以外，全国其他各省、自治区、直辖市也要各选派少数代表参加大会。同时还要求各地团组织认真总结本地青年造林经验，制订具体规划，动员广大青年以实际行动迎接大会召开。

五省区青年造林大会的召开，是青年团中央书记处书记胡耀邦同志倡导，报请党中央及国务院批准的。

据参加这次大会的陕西省代表薛中林回忆，在会议召开之前，胡耀邦同志去宝鸡新秦公司访问了经理赵先生，他是荣毅仁的亲戚，荣氏家族系爱国民族资本家。宝鸡新秦公司是日寇侵占上海时荣氏在陕西办的分公司，为防止日寇狂轰滥炸，新秦公司在周围大片地区植树造林以为隐蔽。为召开好五省青年植树造林大会，胡耀邦同志见到赵经理后和蔼可亲地说："我是来向你们学习的，学习你们植树造林的经验。"赵经理说："胡书记，你太谦虚了，我们植树造林没有什么经验向你们汇报，当时，为防止日寇飞机发现我们工厂的目标，就只有植树隐蔽了。说老实话，我们还向工人同志提出每人栽活一根树，奖励银元一枚。"

会议何以选定在延安？据时任青年团陕西省委书记白纪年讲，耀邦同志基于两个方面的考虑：一个是延安是革命圣地，具有强大的政治感召力；一个是抗日战争和解放战争年代，迫

**图3** 第一批到达延安的安徽省和甘肃省青年造林代表们在住所欢谈。

于各种原因，陕北的植被损坏严重，需要尽快恢复。

## 前　奏

五省区青年造林大会即将在延安召开的消息，鼓舞全国青年掀起了一场规模空前的植树造林活动。仅 1955 年秋至 1956 年春，全国就有 6660 多万青年参加植树造林活动，共造林 546 万亩，植树 22 亿株。

1955 年 11 月 9 日，青年团陕西省委发出贯彻执行团中央关于召开五省区青年造林大会决定的指示，要求全省各级团组织立即讨论团中央决定，担负起动员广大青年参加造林运动的责任，切实做出成绩。1956 年 2 月，中共陕西省委专门召开地委书记和直属县委书记会议。根据中央提出的《1956 年到 1967

**图 4**　代表们在参观关于造林和治理黄河关系的展览图片。

**图5** 陕西省榆林专区的林业工作者向大会写决心书，保证他们为营造“青年团万里绿长城”而贡献出自己的全部力量。

年全国农业发展纲要（草案）》，制定了贯彻执行的具体方案。随后，陕西各地结合中心工作，大力发动和组织青少年广泛开展植树造林活动。2月下旬，延安专区的5026名青年组织了近百个突击队，集体造林254亩，零星植树3.1万株，还在革命旧址杨家岭营造了一处“延安青年林”向大会献礼。

## 盛况

1956年3月1日至11日，青年团中央、林业部、水利部黄河水利委员会在延安召开了陕西、甘肃、山西、内蒙古和河南五省区青年造林大会，来自全国二十七个省、市、区的十六个民族及部队、铁道、文教战线的代表，共一千二百多人，他们中有团干部、青年林业工作者和植树造林、水土保持积极分子。

**图6** 甘肃省代表参观延安枣园毛主席旧居。

**图7** 女代表和延安城关区的农业生产合作社社长、生产委员、劳动模范中的妇女举行座谈，庆祝“三八”国际妇女节。这是“七一”生产合作社副社长王秀（中）和大家在一起。

**图 8**　内蒙古代表在植树。

当时的《延安报》对大会的开幕式是这样报道的：大会会场设在延安大礼堂，会场布置得庄严而美丽。会场门口，六面红色彩旗和夹在彩旗中间的一面五星红旗随着春风飘扬，两边贴着写着金字的大幅标语：“青少年们！为绿化黄土高原，控制水土流失，和水、旱、风沙等自然灾害作斗争。青少年们！都来采种育苗，植树造林，护林防火，让祖国河山更加美丽。”一进会场大门，首先就看到主席台正中毛主席的巨幅画像。

下午 3 时，白纪年在热烈的掌声中宣布大会开幕，乐队奏起庄严的国歌。接着，通过青年团中央书记处书记胡耀邦、林业部副部长罗玉川、水利部黄河水利委员会主任王化云、中共

**图9** 山西省代表在植树。

陕西省委副书记白治民等四十二位同志为大会主席团。主席团就位后，青年团中央青农部部长张曙光致开幕词。

胡耀邦同志宣读中共中央致五省区青年造林大会贺电时，一再被掌声所打断。贺电以简洁的语言描述了当时国家对于动员人民，尤其是青年植树造林、绿化祖国的认识。中央要求在造林活动中，“不但要快造，而且要造好；不但要多栽，而且要栽活；不但要植树，而且要育苗；不但要造林，而且要护林”。贺电还传达了毛泽东关于绿化一切可能绿化的荒地荒山的号召。接着，白治民和中共延安县委书记薛海平致辞，并提出：今年首先在延安市和市郊大力造林，1960 年实现绿化全县的任务。

胡耀邦代表团中央在会上作了题为《青年们：把绿化祖国的任务担当起来》的报告，向青年人提出水土保持的要求，做好高原的水土保持，是五省区全体青年的一项艰巨的、相当长期而又是十分光荣的任务。大会通过关于绿化黄土高原和全面开展水土保持工作的决议、致全国青少年的信、给党中央和毛主席的致敬电等。会议要求青年们在黄河中游地区，普遍建立青年造林突击队，展开造林竞赛运动，广泛采集树种，学习造林技术，建立青年护林队（组），有计划地营造防护林、水源林、用材林和果木林。支持各地青年为掀起大规模植树造林护林活动提出的倡议。他号召陕西、甘肃、山西、内蒙古四省区青少

**图 10** 延安女青年们在宝塔山下植树。

**图 11** 各地代表和延安青年学生们在延安杨家岭中央大礼堂前举行“向荒山荒地进军的誓师大会”。大会之后，他们出发到中共中央所在地——杨家岭的山上植树。

**图 12** 各地代表和延安青年、学生们组成的造林大队伍到杨家岭的山头上植树的情形。

年为在十年内完成一条从内蒙古南部经山西、陕西北部直至甘肃西部的万里绿长城的巨大工程而积极奋斗。他还向与会代表报告，团中央提出的“每年4月1日和11月1日为全国青少年植树造林日”的建议中央已经批准。

3日，罗玉川和王化云分别作了报告。5日，五省区和延安县青年团组织的负责人，分别在会上提出了有关本省区县青年开展植树造林运动的规划的报告。这六个报告都根据本地区的绿化规划，提出本地区青年将完成植树造林任务的50%到70%的保证。

3月7日，出席五省区青年造林大会代表、工作人员和延安部分青年4000多人，在杨家岭进行绿化义务劳动。据统计，

**图13** 延安各机关团体举行联欢会，热烈欢迎各地代表。这是在联欢会上延安歌舞团为代表们演出陕北大秧歌。

**图 14** 延安中学学生在联欢会上表演陕北莲花落。

**图 15** 在联欢会上，陕北民间艺人韩启祥演出陕北说书。

大家共挖水平沟2300多条，全长共1万丈，共植树3万株。在义务劳动开始前还举行了赠礼，由青年团江西省委沈秋同志代表各省市向延安赠送树苗和种子。送给延安的树苗共7192株，品种有女贞、银杏、罗汉松、水杉、重瓣碧桃、小叶杨、天目木姜子等22种。树种有洋槐、中槐、油松等10多种。其他还有图片、图表和图书等。礼品中有浙江青年送来的许多珍贵的树种和树苗，会议决定，把这些珍贵的植物分别种在王家坪、杨家岭和枣园。

9日下午，在延安中学大操场，各界青年和出席五省区青年造林大会代表5000多人，举行了联欢会。在联欢会中，代表们还分别和劳动模范杨步浩、马兰英，出席全国青年积极分子代表大会的延安第一完小辅导员马启仓，出席省积极分子代表大会的王桂莲，模范宣传员曹振贵等人见了面。

11日下午，五省区青年造林大会全体代表和工作人员到四八烈士陵园扫墓。前往扫墓的还有胡耀邦、罗玉川、白治民、中共延安地委书记白志明和延安行署、延安军分区、延安县等单位的负责同志。各省区市还派代表分别到小砭沟、清凉山祭扫已故中共中央委员、工人运动领袖张浩墓和《解放日报》社总编辑杨松墓。

（图片由延安市宝塔区档案馆提供）

# 铁路上的女性

周　车

## 火车上的女性乘客

清末火车来到中国，众多中国传统女性得以和男人们一样搭乘火车，走向更远的地方。当一个个久在深闺的小脚女人，被人扶持着上车下车，她们眼前的世界就此改变。

火车上的女性乘客，在一个封闭的空间中，长时间面对着众多彼此陌生的人，不仅是近距离相对而坐，而且很可能偶尔对视却始终不言一语，只是用纯粹的视觉感官观看对方，却无法获知对方的任何身份信息。与此同时，火车上的女性乘客也在被周围的人长时间审视，甚至评论，无法确认自己是否安全，心理上对未知的揣度，产生着困惑、焦虑、束手无策或烦躁不安。这种人际交往方式比起她们与生俱来的乡村熟人社会和家族内宅关系，显得格外陌生，其新奇之余的尴尬可想而知。

近代小说家包天笑在《钏影楼回忆录》中，曾写下一段他1904年从青岛乘坐火车沿胶济铁路去青州时看到的车厢一幕："……在我们的车厢里，便来了一个德国兵，正坐安伯夫人的

**图 1** 20 世纪 40 年代，京山线火车中的母子。

对面。这些德国小伙子，对于中国的妇女，不大有尊重的态度，目灼灼看着安伯夫人。但是你不去理他，他也不敢怎样无礼。安伯却是懂得英文的，他有些看不惯，便操着一句英语说道：‘她是我的太太。’不想那德国兵，也戏谑地操着英语，指指自己的胸脯道：‘不，她是我的太太！’这时安伯夫人已面涨通红，而安伯也弄得很窘。”

中国的传统礼法讲究“男女授受不亲”，男女同坐共乘自然不被世俗接受包容。为了迎合中国社会对这一问题的担忧，火车最初来到中国普遍采取了单独设立“女客包厢”“女客候车室”的做法。比如胶济铁路在《运输条例》中曾规定：“独立乘车的女性，按其要求应尽可能集中起来安排在一个隔间里。

只要二等和三等车内至少有三个隔间，就必须安排至少一个女性隔间。”这种“男女有别”的乘车、候车规定，都是针对独行女性的，对于夫妇同行并不强制分开。

民国以后，传统思想被打破，铁路规章里逐渐没有了“男女分坐”的规定，“男女杂坐不以为嫌”成为火车上的常态。但在卧铺车厢，铁路管理部门仍然非常严格坚持着“男女分厢”原则，规定性别不同的旅客，除非是夫妻，否则一律不得安排在同一间卧铺包厢。如果两个女性乘客各占一间包厢，再上来男性乘客，看车夫有权将这两名女客合并在同一间，男客独自安排在另一间。如果夫妻两人在一个二等四人间，由于不能和另外两个陌生人同在一个隔间，只能将夫妻二人分开。梁实秋在《雅舍怀旧——忆故知》中回忆与妻子一起乘车的情形：“我

**图2** 20世纪40年代，站台上的女乘客。

**图3** 20世纪40年代，站台上的卖花姑娘。

们搭的是津浦路二等卧车，二等车男女分座，一个车厢里分上下铺，容四个人，季淑分得一个上铺。车行两天一夜，白天我们就在饭车上和过路的地方一起谈天，观看窗外的景致，入夜则分别就寝。”鲁迅在一封通信中也曾经写道：“间壁的一室中本是一男三女的一家，这回却将男的逐出，另外请进一个女的去。”铁路实行卧车票对号入座后，规定从首号起出售给男性及携带家眷自愿同房的旅客，从尾号起出售给单独旅行的女性乘客，避免男女混杂。

**图4** 20世纪40年代，买花的女乘客。

## 火车文学中的女性角色

似乎从火车开行那天起，以火车为题材的文学作品就同时出现在作家的笔端。火车成为一个流动的社会图景，人间百态俱现其中。坐火车也是社会的一面镜像，让人能够看清楚自己的位置和处境。而社会中的女性，恰恰是火车文学作品中的重要角色。

最典型的一种是弱小、无助的女性角色。民国作家程瞻庐在《火车中》一文，曾描写过一位在车厢丢失火车票的老妇人，

**图 5** 20 世纪 40 年代，在出站口检查女乘客的铁路女警。

感慨行路之难。文中写道："下车的唯一要件，便是摸一摸身边藏放的这张车票，可曾遗失？那时同车有一个老妇，伛偻着身体，急张急智地向地上找东西，人家问她找什么？她说：'失去了车票。'众人帮着她找，只是找不见。大约上车时便失去的，没法可以找到，只有认罚了。她是从南翔上车的，车资不过三四毛钱；但是被出口处的收票员查悉，须从南京开车地点算起，罚缴沪宁全线的车资，那么非两三块钱不可了。可怜那老妇！是个贫民阶级中的妇人！摸来摸去，身边只有两毛钱，二十四枚铜元；又没有同伴的熟人可以商借，这出口处的难关，怎么

**图 6** 1939 年，在北平东便门铁路道口等候的女士。

可以通过呢？她呆了半晌，珍珠般的眼泪一颗颗打落胸襟。”

女性角色在火车文学中也不是总受欺负，著名作家张恨水的中篇小说《平沪通车》中，就描写了一个火车中的女骗子。上海银行家胡子云在北平开往上海的火车餐车里，邂逅了一位年轻貌美的摩登女郎柳絮春。双方各怀心腹事，利用对方的弱点推动着故事情节的发展。就在两天两夜的旅程即将结束，自以为会抱得美人归的胡子云方如梦初醒，发现自己皮箱里的十二万元巨款不翼而飞，柳絮春也趁他熟睡之际在苏州站悄悄下车。

最极端和残酷的是对社会和人生极端绝望，命丧车轮之下的女性角色。安娜·卡列尼娜走出火车包厢，与前来迎接母亲的渥伦斯基相遇在站台上，美好的爱情由此产生。但最终在虚伪、冷漠、自私的社会面前卧轨自杀，令人惋惜。

在作者笔下，火车对于女性来说有时还是一种追求美好生活的希望。作家铁凝创作的《哦，香雪》，就是这样一群生活在大山深处的女性。“台儿沟的姑娘们刚把晚饭端上桌就慌了神，她们心不在焉地胡乱吃几口，扔下碗就开始梳妆打扮。她们洗净蒙受了一天的黄土、风尘，露出粗糙、红润的面色，把头发梳得乌亮，然后就比赛着穿出最好的衣裳。有人换上过年时才

**图 7**　20 世纪 40 年代，在北平站工作的女职员。

**图 8** 1931 年，胶济铁路管理局全体女职员合影。

穿的新鞋，有人还悄悄往脸上涂点胭脂。尽管火车到站时已经天黑，她们还是按照自己的心思，刻意斟酌着服饰和容貌。然后，她们就朝村口，朝火车经过的地方跑去。”

## 铁路系统的女性职员

女性除了从事家庭劳动，步入社会谋求职业的可称之为“职业女性”。中国古代，这一女性群体主要从事农业、商业、服务业、自由职业等。清末民初，传统社会发生了极大变革，新兴行业大量涌现，女性随之成为职业市场内的新兴群体。

铁路行业由于劳动强度大、技术要求高等特点，最初没有像棉纺织行业，以及学校、医院那样大量招聘女性工作。随着五四新文化运动的影响，中国社会思想解放潮流激荡，女性的教育、就业、婚姻等问题受到社会广泛关注。中国传统女性走出家庭，走向职场所承受的社会观念阻力大为减少，国家机关、商业机构中的女性职员日益增多。民国铁路部门也是在这一背景下开始向社会招聘女性职员。胶济铁路管理局1930年采用考试办法招募了首批女职员二十人，分别被派到秘书室、机要课、文书课、工务处、文牍课、运输课、事务课、综合课、检查课、采办课、账务课担任文员。铁路女警察也在这一时期走上职业舞台。民国时期，包括铁路在内的新兴职业女性群体的出现，说明传统社会"男尊女卑"的思想进一步被打破，更证明从业女性群体的文化教育和技术水平已经有了极大提升。但直至20世纪40年代末，职业女性在职场中数量有限，所占比例极小，从业层次仍然很低，铁路行业中的职业女性也仅仅从事一般事务性工作，火车上能让女性从事的岗位更是鲜见。

新中国成立后，妇女地位得到空前解放，"男女都一样""妇女能顶半边天""巾帼不让须眉"成为时代响亮的口号。职业女性开始出现在更多、更广泛的岗位上，承担起越来越多的社会责任。奔驰在中国大地的火车上，开始出现了女性乘务员、列车员、检车员、行李员、广播员、餐车服务员、乘警、运转车长、列车长，甚至火车司机、女子包乘组、"三八"青年机车组等女性先进集体和先进工作法也不断涌现出来，成为中国产业女性的代表。

# 青岛历史上的“警犬班”与“捕犬班”

贺　伟

云志艺术馆收藏有数十张1933年青岛市公安局警犬班老照片。其画面之清晰，信息量之丰富，不禁让笔者眼前一亮。

图1，这是拍摄于今青岛市公安局后（北）泗水路的旧照，此地正是民国时期青岛公安局警犬班之所在。照片显示了警犬班的全貌，即操场、犬舍、训犬设施及“警犬班”的门牌。警犬班门口的警犬，显然对拍摄者保持有高度的警惕性。

青岛训练并使用警犬破案及维护治安，始于百余年前的德据时代，堪称中国警犬列编建制之开端。

青岛为当时在西方国家享有盛誉的“远东模范殖民地”，其中，安宁的社会环境，是欧美人向往青岛的原因之一。为了办案需要，德国青岛警察署（国人亦称巡捕房）自本国运来优秀犬种进行训练，并辅助办案，使青岛自此有了警犬。

1914年11月日本击败德国占据青岛以后，曾将市公安局的警犬科目取消。而且，日本占领军当局对家庭养犬的管理极为严格，规定所有养犬的外侨必须缴费办理“狗牌”，家犬伤人的赔偿金亦不在小数。

1927年，胶澳商埠督办（相当于青岛市市长）赵琪下令警察局恢复警犬建制，并聘德国警务顾问、督察长安德河负责管理警犬班，又聘请国民政府内务部警官高等学校警犬专业毕业的训犬师李家驹来青任职。

警犬班隶属青岛市公安局特务督察处，设警员八人，犬舍五间，1928年自德国高价购买一公一母纯种狼犬，分别起名“宜必思”和“席特”。1932年，青岛市公安局再度自德国购买母犬“库那”一只，保持了警犬血统之纯正。图1警犬班门口的那只犬，即三只警犬中的其中一只。

对于训犬员而言，最难的一关是警犬自德国本土运至青岛后的阶段。警犬因思念旧主人，经常水饭不沾。训犬员的首要工作，是需要让这些听惯了德语指令的警犬，尽快听懂中国话的指令。

训犬员呼犬名前，先和颜悦色加以夸奖之词，如“这样好，狮子”“这样好，虎”“这样好，我的犬”“这样好，狼”等，以使警犬先感受到奖励。如警犬有不良习惯，训犬员立即声色

**图1** 警犬班办公处

**图2** 安德河在训犬。

**图3** 警犬走独木桥。

**图4** 警犬坐姿训练

俱厉大喊“可恶”两字。在反复训练后，警犬便能分辨出奖罚词之区别。

警犬训练分为解意、坐卧、发声、寻主、寻物、取物、寻踪、狂吠、抓捕、释放、泅水、不畏枪弹等科目。

图 3 中，警犬显然已经被训练有素。在开始的训练中，训犬员并不能如照片中使用左手牵绳。初训公犬时，警犬必坐于训犬员左侧，训犬员以右手牵绳，左手压警犬睾丸，命之以“坐”声。警犬坐立一分钟后再命之“起”，并给予夸奖，多次训练后，警犬完全听从口令。同样作为初训内容，不吃陌生人的食物，以及不追赶野兔等猎物，需使警犬克制天性，不受外食诱惑。

图 5 至图 8 的训练集影，分别记录了警犬勇夺手枪、高墙捕咬、救护伤者以及现场嗅味等训练科目。其中优秀的警犬，

**图 5** 警犬夺枪训练

图6 警犬高墙捕咬训练

图 7　警犬救护伤者训练

图 8　警犬现场嗅味训练

**图9** 便衣警员携警犬化装侦查之情形

图 10　警犬的功勋与荣誉

甚至可以在捕捉到犯人后，还能解开被绑架人身上的绳索。

训犬员和警犬一同反复苦练的汗水没有白流。

经过严格的训练，警犬在公安局案侦工作中发挥了重要作用。正如图 9 中与警察化装案侦的这只警犬一样，警犬班的各警犬先后参与破获中山公园系列盗窃案、台东杂货商被杀案、四方无名女尸案、沧口长途电话线被割盗案等当年有影响的刑事案件。

图 10 展示了功勋警犬获得的奖牌。多达五十多枚的奖牌，既肯定了训犬员严格科学的训练法，也印证了这些优秀警犬在各种刑事案件中所发挥的重要作用。

除刑事侦查，这些警犬还需担负其他任务。

图 11、图 12 所记录的情形，是警犬参与提审及押送犯人任务；图 13 则是警犬在枪战现场传递消息的训练抓拍，老照片中训犬员指挥动作果断有力，警犬不畏枪声闻令飞奔，将携带的信息和指令送至其他警力。

训犬员和警犬的亲密感情，业外人很难能感同身受。警犬班建有医疗室，配备兽医和药品保证警犬健康。图 1 中墙内难以辨认的字牌，即为“警犬治疗室”等。

警犬的肉食为加入香料的新鲜牛肉，辅食为加工过的燕麦末、大米小米、蔬菜、地瓜等。《青岛市公安局警犬班服务办法》规定，凡警犬生殖、患病、死亡之情况，警犬班必须随时向局长报告。

警犬班的警员还遍搜国外先进训犬法，并结合训练和实战心得，编成《警犬训练法》一书出版，此书为国内警犬训练提供了可复制的先进经验。图 15，外地同业来青交流学习训犬经验，各界代表参观训犬班之合影，显示了青岛的警犬训练及

**图 11** 警犬参加提审犯人情形。

**图 12** 警犬协助押送犯人情形。

图 13　警犬战地传信

图 14　警员在汇泉广场集训警犬。

**图 15** 赴警犬班参观代表合影留念。

**图 16** 捕犬班列队留影。

**图 17** 德籍高级警官安德河与捕犬警员合影。

实战水平当时已走在全国前列。

因家犬、野犬伤人事故不断发生，且狂犬病危害巨大，青岛市政府乃下决心管理民间养犬。1930 年秋季，青岛市公安局颁布《青岛市公安局取缔饲犬规则》及《青岛市乡区取缔饲犬简则》，明确市区内所有华洋人士如有养犬，均需办理《饲犬执照》，并领取“犬牌”，并且，公安局内另设“捕犬班”，配备专人专车，以随时捕捉野犬（时称城市流浪犬）。

图 16 为“捕犬班”警员的列队照。警员手持捕犬网罩，运送野犬的工具为木质网笼手推车。警员出巡路遇野犬后，即将其捕获并送回警营。家庭养犬外出，如无主人牵绳，则必须给家犬佩戴金属或皮革口网以防伤人。无牵绳和口网之家犬，捕犬班路遇后一律以野犬类处置。

警员捕获野犬后，对野犬的处置有收养和毒毙两种办法。对健康无病的野犬，市民可自愿来领养，领养不收取费用；对狂犬及病残犬，则予以灭杀。

遇有患病之狂犬，捕犬班警员立即开枪射杀之。图 17 即运送射杀病犬之专车及警员。立于车尾的西方人，正是德国籍警务督察长安德河。

捕犬班设有“毒犬室”，狂犬被使用煤气毒毙并无太大痛苦，随后立即运至屠宰场焚化。

自 1931 年起，在公安局及社会各界连续多年的努力下，青岛市养犬秩序得到明显改观，狂犬病得以有效控制，流浪狗已很少在市区内见到。

鲜为人知的是，近百年前，青岛市公安局即已在市区推行了犬类病预防注射的措施。

自 1931 年起，每年春夏之际，市公安局与国民政府实业部青岛商品检验局厘定办法，通知中外犬主牵犬至所在地公安分局，接受免费的预防犬类病血清注射。商品检验局兽医王承均、日本人最上达夫担负注射任务，他们工作任务繁重，每期要为数千只犬注射血清。

无论“警犬班”还是“捕犬班”的警员，他们通过警务犬类专业工作，维护了青岛这座城市的安全和秩序，也给后来提供了规范的警犬及家犬驯养的可借鉴样本。

（图片由云志艺术馆提供）

# 我和女儿

石淑媛

兵团岁月里，战友们几乎都把自己的孩子交给远在家乡的爷爷奶奶、姥爷姥姥们带。原因当然是高原环境极端恶劣，食物匮乏，教育落后，不适合孩子们的生存、成长。我们潜意识里也有不能再把苦难延续到下一代的想法。

那时，每两年才能探一次亲，与孩子见面。随着时间推移，孩子与我们在感情上渐行渐远，裂痕越来越深，最终两代人都尝到了分离酿成的苦果。

我女儿 1974 年底在青海格尔木出生，她的降临给逼仄的小土屋带来了无限的欢乐。虽然食物粗糙，但妈妈的奶水还能满足女儿的需要，小生命一天天长大。女儿天性聪颖，口齿伶俐，一岁多就会说简单的话了。望着她那甜甜的笑脸，我尝到了做母亲的幸福。谁知吃惯了母乳的女儿断奶后不愿吃饭，胖胖的小脸儿日渐消瘦，连队可调剂的食物极少。说来现在的年轻人决不会相信，那个年代，像奶粉、白糖、鸡蛋、水果这类寻常食品竟然无处可买，猪肉、大米、新鲜蔬菜也是一两个月能遇到一次。将女儿送回青岛奶奶家实属无奈之举。

奶奶性格开朗，知书达理，对女儿照顾得无微不至。奶奶

**图 1** 1966 年 4 月，到达青海格尔木时在照相馆拍照寄回家。

把汉字写在剪成方形、圆形的小纸板上，装在小铁桶里，每天带孙女到贮水山公园实地讲课，把纸板上写的花、草、树、鸟等一一对应讲解，女儿很快就记住了，两岁时就认识两百多个字了，积木和魔方更是玩得得心应手。

女儿在奶奶家幸福地成长，我却从此陷入苦苦的思念之中。盼信,成了我生活中的头等大事。一听到连队通讯员的声音我便冲出门外，只要有家信，哪怕只有几句说到女儿，我也会反复地读，去想象女儿可爱的小模样。若是听到“没有你的信”，就会掩上房门偷偷抹泪。

1978 年儿子出生了，我们决定自己带。奶奶身体不好，不能再给家里添麻烦了。谁知半年后儿子因营养不良，出现严重缺钙症状。爷爷、奶奶闻知后，让我们把儿子再送回青岛。于是，利用探亲假，我和丈夫就带着羸弱的儿子回了青岛。

这时女儿已四岁多了，陌生的弟弟和父母的出现，搅乱了她恬然的生活。可我们毕竟不能把两个孩子都让奶奶带，决意把女儿带回格尔木。可女儿见了我很是陌生，在两个月的假期里，我使尽了浑身解数亲近她，不让她因为有了弟弟而受到冷落。

归期渐渐逼近，我们不得不把要把她带回青海的事提前吹吹风，哄着她。少不了渲染乘船登车的乐趣，许诺漂亮衣服玩具，

**图 2** 1974 年，女儿在青海高原格尔木出生。

不料女儿天生傲世轻物不为所动，还是一脸的不乐意。离开青岛的那天，女儿虽然没有过激反应，但看得出来她舍不得奶奶，含着泪被我们抱着离开了家。

为了让女儿高兴，我们特意选择从南线（上海、杭州、苏州、无锡、南京）返回青海，这样边走边玩，很开心，女儿的脸上又有了笑容。我当时想，到底是亲骨肉啊，几年分离产生的隔阂很容易消除掉。在苏州的一天，我带女儿去公共浴池洗澡（那时的旅馆房间里大多没有卫生间），我逗女儿说：既然你不喜欢我，我淹死算了，说完就故意将头埋进浴池里。女儿吓得用双手托起我的头大哭，我当时激动得一把将她抱起，谁知她却说："你淹死了我怎么办？我不认识回旅馆的路。"我的心顿时跌入冰窟。

由于一路车马劳顿，再加上不适应高原，到西宁后女儿就感冒发烧住进了医院。看着她不吃、不喝、不说、不笑，小脸儿日渐消瘦，我心疼如刀绞。我流着泪对她说，如果她想回青岛我就把她送回去,女儿把头扭到一边不理我。几天后她出院了，我们还是把她带到了格尔木三团驻地。

女儿的眼里，简陋的家，蛮荒的环境并不可怕，可就是离开了爷爷、奶奶，等于一下子掉进地狱。女儿从来不把这里当成自己的家，动不动就冤屈得眼睛噙满泪水。这样在格尔木别别扭扭地住了一年，因丈夫考取了农垦部赴美国留学培训班，在上海学习，我就休了病假，带着女儿回到青岛，直到 1981 年 9 月返城。

我们这些知青返城，分配到新的工作单位，一切都要从头开始。没有人脉，没有技术，年岁也渐渐大了，能干下来已属不易。可曾历经磨难的知青们都不想混日子，一心扑在工作上。丈夫搞外事工作，很忙，早出晚归。我在单位搞财务工作，全新的业务，要边干边学（上着夜大），颇费精力。一天下来，单位的工作已让我疲惫不堪，还要去附近的市场买菜，然后挤在自行车流里，急匆匆赶回家，家里有嗷嗷待哺的两个孩子啊！浆洗缝补，买菜做饭，辅导孩子作业，搞得我焦头烂额，对孩子们哪有那么多耐心？所以对他们经常是吆二喝三的，用现在的话说，就是"虎妈"了。孩子也不愿意待在这个家里，一到星期天，两个孩子就迫不及待地跑回奶奶家，重温一天王子公

**图 4**　女儿跟着奶奶学写字，两岁时就认识两百多个字了。

主的日子。奶奶也早已准备好孙女、孙子喜欢吃的零食和饭菜。在爷爷奶奶那里，孩子们从来就没有错，他们也从来不会对孩子的要求说“No”。可姐弟俩一回到我这里，就这也不是、那也不是，结果是我和孩子们的感情愈发疏远。

多年分离造成的感情隔阂，渐渐使女儿产生一种感觉，就是我对她不亲。女儿天性倔强，又处在叛逆的年龄，有些逆反心理，我说的话，她要么充耳不闻，我行我素；要么南辕北辙，我说东她偏西。我也对她的过错不依不饶。女儿很小的时候眼睛就近视，可她很喜欢看闲书，我担心她的视力减退，经常厉

**图 5** 1978 年，儿子在青海格尔木出生。

声呵斥，不准她看。我喊破嗓子，女儿不吭气，收起书睡觉去了。后来弟弟告密说，姐姐每晚都蒙着头用手电在被窝里看书，气得我火冒三丈。就这样在吵吵闹闹中女儿渐渐长大。我也始终觉得女儿可能天生性格别扭，没有多想。

有一天，我收拾东西，无意间翻看了女儿的日记，字里行间流露的痛苦刺疼了我的心，她竟然怀疑我是不是亲妈！“妈妈为什么不喜欢我？”这句话一直萦绕在我的脑海里挥之不去。我真的没有不喜欢女儿，只是因为返城后工作、家务太累，没有足够的耐心……可这都不是理由啊，都是我的错！那天夜里我失眠了，女儿从出生可爱的小模样到现在争吵的画面一幕幕在我脑子里过电影，我忍不住泪流满面……从那以后，内疚和自责像影子一样始终跟随着我。

我决心要用母爱解开女儿的心结。我调整了心态，改变了说话方式，生活上我给予她更多的关爱。女儿上大学后，每星期回来一次，我便和她一起欣赏音乐，一起讨论文学作品，如观点不一致，我便笑笑不再争辩。我小心翼翼地修补着感情的裂痕。

大学毕业后，女儿自己报名考进了政府部门。有一天，女儿突然怯生生地问我，能不能让她出国留学。我的心揪了一下，女儿要是走了，会不会从此不回来了？我和丈夫商量了一下，尽管不舍得让女儿离开我们，但不愿意伤她的心，还是同意了。

女儿辞去了一份很好的工作，踏上了前途莫测的求学路。此情此景真像当年远赴青海的我们！我流着泪和她拥别，我的体温能暖热她的心吗？我望着她渐渐消失的背影，心也随她飞走了。

女儿凭着她那股锲而不舍的倔强劲，通过了日语考试，考入了大阪大学研究生院。女儿学习很优秀，校长还专门给父母寄来感谢状和礼物，我和丈夫都从心里为她高兴。我呢？隔三差五就与女儿通电话，生怕再次疏远。有时女儿学习很紧张，没有时间和我煲电话粥，我就像是做错了事的孩子，赶紧赔不是。

**图6** 1978年，探亲返回青海途经苏州。

**图 7** 听女儿读给爸爸妈妈的信，我感动得几乎放声大哭，任由情感倾泻。

毕业前女儿在学校认识了男朋友，我不放心，也不敢多问，就派丈夫去日本实地考察、相亲。订婚那天，女儿带着男朋友来青岛，女婿向岳父母正式提出求婚。面对女婿，我只说了一句“你要保证对我女儿好，不能让她受委屈”，就已泣不成声。

婚礼在日本举行，我和丈夫如期赶到。按照习俗，新人在步入婚姻的殿堂时要读一封给父母的信。女儿流着泪读完了写给爸爸、妈妈的一封信，在场的宾客无不感动得热泪盈眶。信的开头是：“亲爱的爸爸、妈妈，感谢你们把我抚养成人。”只这一句话，便让我哽咽。信上说，自从她去了日本，爸爸就增加了去日本出差的次数，每次都是重重的箱子来，空空的箱子走，就在这样的反复之间，我突然发现爸爸已经两鬓斑白了……最后她说：“我感谢上苍让我出生在这个家庭里，作为

**图8** 在女儿婚礼上合影。

爸爸、妈妈的孩子长大。”我感动得几乎放声大哭，任由情感倾泻。这一瞬间，值得我用一生去等待！多年的隔阂涣然冰释，我们的心终于连到一起。这本是天经地义的母女之情，却费了这么多周折！女儿的这封信我一直保存着，它对于我弥足珍贵，它让我半辈子堵在心里的自责和内疚得到解脱。

记得有一位诗人曾说，爱是理解的别名。确实如此，我感觉只有理解，母亲才能释放母爱；也只有理解，孩子才能沐浴到母爱。而理解孩子会是我一生的功课。

如今，女儿和儿子都有了自己的孩子。经历了骨肉分离的切肤之痛后，我和丈夫深知，无论他们工作多累，家务多重，也不能让他们把孩子长期送到老人身边寄养。因为父母之爱，才是比任何物质条件都重要的人间最大的财富。

# 淘气的弟弟

张 浩

在我们家的影集中，有几张正方形的黑白照片，那是父亲的朋友为我们一家人拍摄的。前不久，先生把这些照片制成一本台历，我一一翻看，想起了许多童年故事。

先说我和弟弟最早的一张合影（图 1）。摄影者是镇上照相馆的专业摄影师，姓林。我父亲当年在公社广播站工作，结交了各行各业的人，其中就有这位摄影师。细看这张照片，会发现在我们身后不远的门口，影影绰绰坐着一个人，那便是我父亲。拍摄时间应为 1976 年初秋的一个下午，当时我七岁，弟弟四岁，地点在我们村知青点院内。从弟弟的表情可以看出，光线有点刺眼。知青点就在我家前面的一条街，小时候，我和弟弟常来这里玩，那些来自城里的年轻人很喜欢我俩。我文静，弟弟淘气。照片上，我的小褂干干净净，弟弟的短衫好像有点脏。

另有三张（图 2、图 3、图 4），是父亲另一个朋友在同一天拍摄的。那人比我父亲小十多岁，姓李，外乡人，爱好摄影。他来我村走亲戚时与我父亲结识，二人成了朋友。照片是在我家院子里拍的，时间应该是庚申年（1980 年）春节后不久。他给我们拍了第一张全家福，还给我和弟弟分别拍了一张。穿一

**图 1** 1976 年初秋，笔者和弟弟。

身条绒衣服的弟弟，膝盖处已磨得变了颜色，他装着在点爆竹。

儿时记忆中，难忘的一点是盼着母亲能陪我玩，而母亲忙于绣花，总也满足不了我的要求。常常忆起这样一个情景：我仰卧在母亲的绣花撑子下面，问她做完这批活儿，能不能别马上拿下一批。小孩子的心思，母亲当然明白，但回答仍是不能。我的童年没有多少故事，而弟弟因为淘气，故事多得好像讲不完。

就从弟弟的乳名说起。父母是本村人，婚后头几年和爷爷奶奶住在一起，爷爷奶奶住正房，父母以及后来出生的我住两间门屋子。门屋子逼仄昏暗，还漏雨，父母坚决要盖一处自己的窝。盖这房总共花了不到七百元钱，其中有六百元是借的，时间是 1971 年。弟弟出生在房子建起后不久，为了纪念这一大

**图 2** 1980 年，弟弟在院中。

事，爷爷给他取名“建房”。

盖房欠了钱，父母压力大，母亲因此得了败血病，一度病危。多亏我舅舅是医生，他和同事尽了最大努力，把母亲的命救了回来。母亲身体极度虚弱，没有奶水，亏欠了才五个月大的弟弟，他只能喝地瓜淀粉糊糊，有时吃点鸡蛋脑。东边邻居家生了一个男孩，父亲曾抱弟弟去要奶吃。吃了几次，那家老太太不乐意了，便没有再去。

难得的是，大概正因为从小食谱杂乱，弟弟在吃饭上比一般孩子要泼辣得多，从不挑食。三四岁时，就和大人一样吃饭，用我们这里的话说，这叫“泼食”，好养。

母亲常对我说，“能养十个你弟，不养一个你”。言下之意，是我吃饭挑剔，让母亲为难，让父亲生气。母亲时常要给我开小灶。即便这样，她做的饭我还是不愿吃，而别人家给的食物我则很有兴趣。有时母亲为了让我吃下她包的小包子，便把我带到邻居家，给邻居使个眼色，装作跟人家要包子。趁我不注意的当口，母亲从口袋里掏出包子，说是邻居给的，我这才有滋有味地吃起来。现在想来，小时候的我难为母亲了，父母能把我养大不容易。母亲说，家里的好东西都让给我吃了。但即便如此，我还是体质弱，而且爱哭，多病，多次住院。

父亲在公社上班，挣钱不多，但比起一般农村家庭，我家的家境还算不错。每个星期，父亲都在食堂买十个肉包子，送给我爷爷四个，余下的基本上都归了我和弟弟。

弟弟喜欢吃糖，时常抱着家里的糖瓶子，拿小勺挖着吃。瓶子空了，他便倒上水涮一涮，喝掉，所以家里的糖瓶子要么有糖，要么干净得发亮。弟弟喜欢吃肉，平日却难得吃一次。有一年冬天，村里饲养室的小猪冻死了一只，饲养员在夜里将死猪抱到我们家，开膛破肚，用我家的大锅炖上了。唯一的猪尾巴让弟弟吃了。此后，经常有小猪冻死，弟弟隔三岔五就能吃上一根猪尾巴。天暖和了，不再有小猪冻死，弟弟想念猪尾巴，有一天，手攥铅笔刀走进生产队的养猪场，追着要割猪尾巴。猪们哼叫着乱窜乱挤，比猪略高的弟弟差点被猪拱翻，最终也没能吃到自己割的猪尾巴。

当年尽管物质匮乏，但母亲还是把我和弟弟养得白白胖胖，还让我们尽可能穿得干净体面。我们姐弟俩出现在街上，就有人说，老张家的两个孩子，真是个出息模样。大家不记得弟弟叫“建房”，都喊他“大房”。不仅如此，弟弟还有两个雅号：一个是“小地主”，一个是“胖墩”（电影《小兵张嘎》中的男孩）。

弟弟见人笑眯眯的，招人喜欢，大家都爱逗他。县里放电影的老傅大叔来我们村，住知青点，每次都从后窗上招呼弟弟去玩。见了弟弟，老傅大叔眉开眼笑，问这问那，还拿糖块给他吃。老傅大叔伸手去摸弟弟的“小鸡鸡”，刚拨弄两下，弟弟就朝他撒尿，滋了他一身，小白褂都被尿湿了，旁边的人都哈哈大笑。母亲看见了，表示歉意，说要给他洗洗衣服，老傅大叔却完全不在乎，开心地哈哈大笑。

儿时印象中，父亲重男轻女，看弟弟是鼻孔里都盛满了笑意。父亲大概认为男孩淘气点没啥，所以弟弟惹祸也不在意。有一年我们家吃新鲜鲐鱼，大人没事，我和弟弟都过敏了。父亲要带我俩去医院，他把我和弟弟放到自行车大梁上坐好。弟弟在前，双手握着车把；我在后面，双手搂着弟弟。车子重心靠前，难骑，父亲骑得摇摇晃晃。到了下坡地段，父亲叮嘱弟弟千万别摇晃车把。这么一说倒是提醒了弟弟，就在车速骤然加快时，弟弟突然使劲扭了一下车把，自行车一头拱进路边菜园里，三人摔了个嘴啃泥。我的手上扎了棘针，疼得大哭起来，心想弟弟一定会被臭骂，但没有，父亲把我和弟弟拉起，居然还嘿嘿地笑。

父亲对我就严格许多。我小时候胆小，有一次在窗台上坐着玩，不小心踢碎一块玻璃，当时父亲不在家，我赶紧跑到奶奶家躲起来。天黑了，奶奶问我怎么不回去，我便讲了事情原委，怕父亲瞪眼。奶奶就说：“你爹跟你爷一个德行，整天把眼瞪得跟个牛蛋似的，没有赶上他的！你回去，不稀得看他！”

80 年代初期，全公社开始安电，这是挺重要的工程，父亲被抽调出来当起了电工，开始到各个村子安电。能给家家户户送来光明的电工，在当时很受尊重。自打当了电工，父亲常会

**图 3** 1980 年，笔者在院中。

收到各村给的好吃的东西，我家的生活跟着改善了不少。父亲下村有时会带上弟弟，吃派饭时，弟弟见桌上有肉有鱼，惊讶地问："你们每顿都吃这么好吗？"电工们都被逗笑了。下乡的日子，弟弟见了世面，来来往往乘坐三轮摩托，好不威风得意。很多外村人都认识这个小胖孩儿。许多年后，弟弟结婚了，曾有外村人对弟媳妇说："听说你嫁给'小地主'了……"可见弟弟有点知名度。

弟弟稍大就见出顽皮了，整天没个安稳时候，有时穿了干净衣服出去，回来时就脏得不成样子。一次，他从外面回来，裤子后面破烂不堪，露着个屁股蛋。母亲问怎么搞的，他说和几个孩子溜土坡去了。原来，别人是坐在木板上往下溜，他没找到木板，就直接坐在坡上往下溜。那时乡下的孩子可怜，没见过滑梯。

弟弟自小就有很强的动手能力，喜欢摆弄各种东西。母亲早年绣花，五六岁的弟弟负责给母亲引线穿针，每晚得穿八十根针给母亲备用，母亲用完了才肯歇下来。弟弟干得麻利，完成任务后，就躺在绣花撑子下陪母亲，但又常常熬不住，很多时候都是枕着母亲的腿睡着了。

那时农村有“鸡屁股银行”的说法。早上放自家的鸡上街，女主人会摸摸母鸡的屁股，感觉一下当天会不会下蛋。鸡肚子里是硬的，就说明有蛋，需要把鸡关在院子里。摸蛋，要把一根手指插进鸡屁股里。弟弟在观摩了母亲如何摸蛋之后，跟着

**图 4** 1980 年，全家福。

尝试起来。他的手小，插进一根手指摸不到鸡蛋，于是就使劲往里探，以至于把整个手臂捅进鸡肚子里。弟弟乱摸乱抠，母鸡哪里受得了，就被折磨死了。母亲制止他做这件事情，但他没有过足瘾，见了母鸡就想摸，先后祸害了好几只鸡。后来，他还跑到前街村里的养鸡场去摸，把集体的鸡摸死了两只。

父亲在公社里有一份差事，但村里仍有活儿要干。上山干农活或者砍柴拾草，他常常带上弟弟，因此弟弟七八岁时就会干各种活儿。不仅如此，他还学会了诸如挖豆虫、摘松狗子蛹、打哈虫、捅蜂巢、掏雀窝之类的本事；干这些活儿有危险，弟弟因此吃过亏，被百刺毛蜇，遭马蜂围攻，都是常事。但由于可以收获到吃物，又很刺激，对他很有吸引力，所以吃亏也不在乎。记得我上小学和初中时，秋季放农忙假，都是和同学们搞复收，大家提着篮子，手持小镢头，在收获后的农田里捡拾遗漏的地瓜花生。十一二岁的弟弟那时即开始单独行动，他在地头草堰上找老鼠窝，找到后几镢刨下去，就将老鼠储备过冬粮食的仓库给刨开了，于是往往能收获一篮子白花花的花生。交到队上换钱，一般孩子只能挣一分钱，弟弟却能挣两分、三分，甚至是五分。

整个童年时代，弟弟一直是村里的孩子头。我们村北高南低，一条东西走向的省级公路在村中央穿过，习惯上称公路以南为南村，以北为北村。南村地势平缓，邻河，是老村的地盘；北村是后起的，建在斜坡上，越往后地势越高，房子也越新。我家就在最后一排。南村北村的孩子常常不服，动不动相互唾骂，然后不由分说就打起来，要么朝对方扔土块石头，要么挥舞长枪短棍，打滚摔跤。每有战事，弟弟总是胆气过人，带头冲锋陷阵，叫骂喊杀无所畏惧，流汗流血不在话下，真正是骁勇善战，一马当先，所向披靡，无往不胜。以至于后来，南村孩童见他从坡上奔下，便哀号一声“大房下山啦”，然后纷纷作鸟兽散，无人与之争锋。

年龄再大一点，弟弟做下的一些事往往惹父母生气，挨骂是少不了的。比如见了村里的耕牛在地里吃草，就抓烂泥往牛屁股上摔，直到把牛的肛门和生殖器糊上，才肯罢休；比如用自行车链条和辐条制作手枪，以火柴当子弹，与人互相射击。父亲发现了问题，对他的管教越来越严厉。上初中后，弟弟再有惹祸之事，遭受惩罚便在所难免。有一次，弟弟显摆他的“神枪手”功夫，用弹弓一口气打碎镇敬老院后窗一排玻璃。父亲气坏了，罚他跪了半宿，还把烙铁烧红了，声称要好好修理他，把弟弟吓得够呛。

平日里，我这个当姐姐的也没少规劝他，监督他。弟弟的顽皮劲儿有所收敛，但他背着家人做过什么，谁也不知道。弟弟爱看《少林寺》《霍元甲》之类的影视剧，深受影响。还是在上小学的时候，谁对我稍有欺负之意，他就想替我报仇。有一次，我去河边洗衣服，路过南村，有个男孩子跳出来拦路，嬉笑着不让我过去。我回家后说了这事，弟弟当时没说什么，过后去找那男孩子算账，扇了他一个耳光，警告他若再敢这样，绝不轻饶。还有一次，本村一个初中生让弟弟转交一封信给我，弟弟觉得事有蹊跷，便自己拆了信看，一看是一封求爱信，便回去揪住他，不由分说地揍了人家一顿。这些事，我当年都不知道，是弟弟近年偶然想起告诉我的。

我和弟弟打小感情很深，虽然有时候也会闹点小别扭，但血肉亲情深藏心底，没有什么能改变。弟弟长于行动，难免冒失，像切菜切了手、钉东西砸了手这类小事故，不知发生过多少次。

每次看到他流血，我心里都疼得要命，往往是他装作没事，我却流下泪来。弟弟命里犯水，小学二年级的时候，有一天跟奶奶去河里洗衣服，一不小心滑进河里，灌了个半死。自己挣扎着爬上来后，就吓出了毛病，住院两个多月，耽误了上学，只好留级。这以后，全家人对他的看管就严了许多，水库方塘大口井之类的地方一律禁止他去。上初中后，终于发生了一件令人后怕的事情：那年夏天，刚下过一场大雨，两个男孩子来找他出去玩，我一问，知道他们是想去方塘洗澡。说是洗澡，实际上是玩水，或者说是去学游泳。我警觉起来，坚决阻止弟弟去。弟弟跟我争了一番，最终听了我的。大概过了不到半个小时，村里就炸了锅，有人说那两个男孩子溺死在方塘里了。我震惊，暗暗觉得弟弟侥幸。

**图 5** 1986 年夏，上小学五年级的弟弟于威海海滨。

**图 6** 1986 年夏，笔者在自家院中。

弟弟动手能力一直很强，人也勤快，像炒菜做饭、喂猪喂鸡、打水扫地这样的家务活儿，他都愿干，抢着干。他还会修电炉子，修缝纫机，修自行车，会用电烙铁焊接金属，能替父亲为村人接电，等等。干活肯吃苦也是弟弟的宝贵品质，家里地里各种脏活累活，他都不怵。猪圈里养着猪，往里掀土还算轻松，往外出粪却是力气活儿，但这也很快被弟弟包揽了。父亲于是有了一个得力的帮手。

1983 年，母亲开始由赶集卖小百货转为卖鞋，收入不错，一年之内成为“万元户”。我家的日子从此好转起来；房子修整一新，西厢改为平房，打了水泥院子，还买了全村第一台黑白电视机。父亲觉得干电工挣钱少，没意思，便辞了工作，与母亲一起做生意。那时父亲骑自行车去县城鞋厂驮鞋，很辛苦。两年后，弟弟十三岁了，就常常跟他一起去。父亲驮十箱，弟弟驮五箱，四十里路，上坡下坡，汗湿衣衫，气喘吁吁。

父母起早贪黑地赶集卖鞋，每每耽误了地里的营生。弟弟看在眼里，便自觉地干起来。有一年，秋天的一个早晨，父母起床后发现弟弟不见了，吓了一跳，后来在东泊玉米地里看见了他的身影。他在刨玉米秸，挥汗如雨，一亩多地眼看就刨完了。一问，方知他凌晨四点就爬了起来……父母暗自感慨，说大房长大了。

**图 7**　1986 年夏，笔者在自家院内平房上。

**图 8** 1989 年 2 月，笔者和弟弟在自家院中。

再后来，家里买了手扶拖拉机，父母赶集和干农活初步实现了机械化，省力，效率大增。弟弟在几分钟内学会了驾驶，此后，很多运输方面的活儿他都抢着干……一个顽童的无忧岁月就这样过去了。

时光如水，三四十年的岁月在老照片上飞速流过。翻阅旧照，不禁感慨起来：我家那座老房子仍在，但早就易手他人了；照片中人，如今都模样大变。父母已是七十多岁的老迈之人，昔日的帅气荡然无存；我们姐弟俩也早已步入中年，脸上有了皱纹，鬓角添了白发。就像父母当年一样，如今的我和弟弟，为了家，为了孩子，也是终日奔波劳碌。先后在多种行当里干过的弟弟，脸上有了沧桑与艰辛的痕迹，儿时那淘气的表情已难觅踪影。

但弟弟的行动力一直超强。老辈人“三岁看到老”的话，看来很有道理。我记得，女儿出生后，我在家里设宴招待亲朋好友，十九岁的弟弟一人掌勺伺候好几桌客人，像真正的厨师一样轻松自如；还记得，女儿上大学时，疼爱外甥女的弟弟执意要开车送她去青岛乘机。在机场，弟弟开箱重整行李，打包捆绑，潇洒利落，一气呵成。女儿在旁边由衷地赞叹道：“老舅这动作太帅了，简直就是一施瓦辛格呀！”

---

书末感言

# 看　点

冯克力

每辑《老照片》里，都有一些可说道的看点。本辑亦然。

《1954 年：街拍北京》呈现的，是应邀来华参加新中国成立五周年庆祝活动的国际友人的摄影作品，拍摄者为民主德国（亦称东德）代表团中一位未留下姓名的成员。其间，他背着一架照相机游走于北京的大街小巷，随机定格了首都民众的日常生活。即使是首善之区，民众的穿着也都很简朴，马车驴车会不时闯入他的镜头，恍然模糊了城乡的界线。结束了多年的战乱，新中国百废始兴，人民安居乐业，正处在“其兴也勃”的节点上。这些照片，恰是那个“节点”的某种写照，重温之下，惹人遐想。

冬冬的父亲李俊民，走马上任上海新文艺出版社社长，差不多也是在这个时候（见冬冬《上海新文艺出版社轶事》）。新文艺出版社诞生于1952年6月，由多家民营出版机构合并而成，是当时全国最早的一家公私合营出版社，而且比大规模公私合营还早了整整四年，颇得风气之先。其中一幅拍摄于1954年6月的全社职员大合影，齐齐整整，人才济济，自成一道风景。李俊民正待大展宏图，“反胡风运动”降临了，出版社骤间成了“重灾区”，被震荡得七零八落。李俊民与新文艺出版社，竟是这般手足无措地跨入了新社会的门槛，实在让人唏嘘不已！

在《记忆中的广西路3号》里，张晓明回忆了自己当年入学的一件事：1961年七岁的他该上小学了，保姆拿着户口本带他到学校报名时方知，按规定学校只招收1954年8月21日以前出生的孩子，他因晚出生了两天，被拒之门外。校方并没有因为他父亲担任青岛市委第一书记对其网开一面，而他的父母任其“躺在地上发脾气”，也没有凭借手中的权力为他的入学去做任何努力。从这件事里，我们多少看到了彼时规则对权力尚存的约束，以及权力在规则面前可称道的自敛。只是在今人眼里，这件事却有点像是天方夜谭。

所谓“看点”，从来都是见仁见智的。读者完全有理由别出心裁，观其所观，从同一辑《老照片》里“看”到不一样的“点”。

这也正是我们所期望的。